Überzeugungskraft

Wie Sie Menschen begeistern und bewegen

Peter Gerst

1. Auflage

Inhalt

Vorwort

Ob Lebenspartner, Kollege, Chef oder die eigenen Kinder – tagtäglich sind wir damit beschäftigt, andere Menschen von unserer Meinung zu überzeugen. Den einen scheint das meisterhaft und mühelos zu gelingen. Den anderen wiederum fällt es sehr schwer.

Die gute Nachricht: Überzeugungskraft ist nicht etwa angeboren und vererbt. Sie ist eine Energie, die jedem Menschen innewohnt und die Sie systematisch aus- und aufbauen können.

Dieser TaschenGuide weiht Sie in die Geheimnisse, die Erfolgsstrategien, besonders überzeugender Menschen ein. Sie erfahren, was körpersprachlich, stimmlich und inhaltlich am meisten wirkt, wenn Sie andere bewegen wollen. Einfach umsetzbare Übungen, zahlreiche Tipps und bewährte Techniken unterstützen Sie dabei, Ihre Gesprächspartner glaubwürdig, nachhaltig und souverän von Ihren Ideen und Standpunkten zu begeistern.

Genießen Sie die Lektüre und haben Sie Freude daran, Ihre Überzeugungskraft wachsen zu lassen.

Ihr Peter Gerst

Die Erfolgsstrategien

Wer hätte sie nicht gern: die Gabe, andere mitzureißen, für eine Sache zu gewinnen. Den einen scheint sie in die Wiege gelegt, den anderen verwehrt zu sein.

In diesem Kapitel erfahren Sie u. a.,

- was überzeugende Menschen anders machen,
- warum jeder von uns andere begeistern kann,
- welche Erfolgsstrategien es dafür gibt.

Mehr Überzeugungskraft für ein erfüllteres Leben

Moment mal – braucht es für ein erfülltes Leben nicht ganz etwas anderes als Überzeugungskraft? Spielen dabei nicht eher innere Ausgeglichenheit, Menschen, die man liebt und die einen selbst lieben, Erfolg, Geld und noch einiges mehr eine Rolle? Klar! Wenn wir all das haben, führen wir ganz bestimmt ein erfülltes Leben. Doch die Frage ist: Wie bekommen wir all das? Unsere beruflichen und menschlichen Fähigkeiten sind dafür entscheidend, unsere familiären Voraussetzungen, unsere Zielstrebigkeit, genauso wie glückliche Umstände und eben ganz besonders auch unsere persönliche Überzeugungskraft! Denn das meiste, von dem, was uns erfüllt und glücklich macht, erreichen wir nicht allein. Stets sind es andere, die uns begleiten, uns helfen und uns unterstützen. Das tun sie in der Regel deshalb, weil wir sie überzeugt haben: von unseren Ideen, unserer Persönlichkeit, unseren Fähigkeiten, Produkten, Leistungen oder was auch immer für sie wichtig war.

Und wenn man es genau nimmt, sind wir fast die ganze Zeit, wenn wir mit anderen Menschen zusammen sind, damit beschäftigt, sie zu überzeugen. Das beginnt schon mit unserer Geburt. Kaum sind wir auf der Welt, schreien wir los und machen damit anderen Menschen klar: »Hey, ich bin jetzt hier! Kümmert euch um mich!« Das funktioniert in der Regel recht gut. So gut, dass wir erst einmal immer schreien, wenn wir etwas brauchen. Erst allmählich lernen wir, dass es oft auch hilft, andere Menschen anzulächeln, um ihre Zuwendung zu erhalten. Irgendwann lernen wir zu sprechen und unsere Worte so zu gebrauchen, dass wir erreichen, was wir uns wünschen. Dabei werden wir immer raffinierter. Wir merken, dass wir mit Mama anders reden müssen als mit Papa, dass man bei einigen Menschen mit dem Wörtchen »Bitte« eine tolle Wirkung erzielt, während bei anderen ein bedrohliches »Ich will« schnelle Ergebnisse bringt. Schließlich hat jeder von uns sein eigenes Repertoire an Überzeugungstechniken entwickelt. Doch leider sind wir nicht alle gleich erfolgreich damit.

Was macht einige Menschen überzeugender als andere?

Einige Menschen sind offensichtlich überzeugender als andere. Doch woran liegt das? Die gute Nachricht vorweg: Es liegt nicht an einer Begabung, die man von Natur aus hat oder eben nicht. Überzeugungskraft ist vielmehr eine Fähigkeit, all die Verhaltensweisen zusammenwirken zu lassen, die auf andere insgesamt überzeugend wirken. Das Schöne daran: Diese Fähigkeit können Sie sich aneignen und ausbauen. Gehen Sie einfach mal davon aus, dass niemand schon ab seinem dritten Lebensjahr mit strahlender Überzeugungskraft durchs Leben gegangen ist.

Sie können es in Biografien nachlesen, in Filmen sehen, in Interviews und auf direktes Nachfragen hören: Außergewöhnliche Überzeugungskraft ist in der Regel immer das Ergebnis eines bewussten Lernprozesses. Die naheliegende Frage ist: Was genau wurde in diesem Lernprozess entwickelt? Natürlich alles, was die Überzeugungskraft stärkt.

Die fünf Elemente der Überzeugungskraft

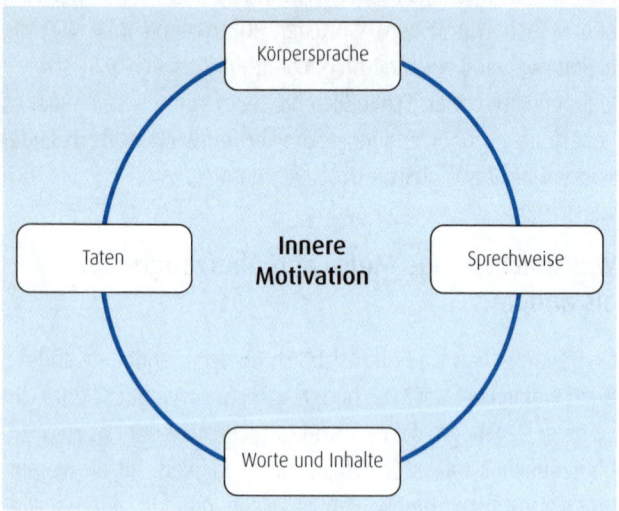

Das 360°-Prinzip der Überzeugungskraft©

Nach vielen Jahren der Beschäftigung mit dem Thema liegt für mich auf der Hand: Die Überzeugungskraft eines Menschen hängt ab von seiner inneren Motivation und Einstellung, seinem körpersprachlichen Auftreten, seiner Sprechweise, den Worten und Argumenten, die er wählt, und seinen Taten, für die er steht. Und natürlich auch davon, wie gut oder schlecht diese fünf Elemente bei ihm zusammenwirken.

Wenn man seine eigene Überzeugungskraft stärken möchte, geht es also darum, diese fünf Elemente bei sich persönlich zu entwickeln und zu einem harmonischen Zusammenspiel zu bringen. Ich nenne es, das 360°-Prinzip der Überzeugungskraft© anwenden. Dass und wie dieses Prinzip im Einzelnen funktioniert, erfahren Sie in den nächsten Kapiteln.

Überzeugungskraft hilft Ihnen immer dann, wenn es auf Ihren starken Auftritt ankommt und Sie andere Menschen begeistern und bewegen möchten. Dafür haben sich fünf Grundstrategien als besonders erfolgreich erwiesen.

Strategie 1: Das Wie so wichtig nehmen wie das Was

Meine Seminare zum Thema »Überzeugend und motivierend kommunizieren« starte ich meist mit einem Experiment. Zu diesem lade ich Sie jetzt auch ein.

Das Experiment

Stellen Sie sich vor, Sie hätten sich für ein Seminar zum Thema »Erfolgsfaktor: persönlicher Auftritt« angemeldet. Sie sitzen erwartungsvoll da und dann kommen nacheinander drei Trainer herein, die Sie begrüßen. Lassen Sie die drei auf sich wirken und entscheiden Sie sich dann für einen.

- Der erste Trainer geht zögerlich nach vorne, hält die Arme eng am Körper, zupft an seinem Jackett, räuspert sich, blickt flüchtig zu den Teilnehmenden und sagt leise: »Guten Tag, meine Damen und Herren, ich freue mich sehr, dass Sie sich für das Thema interessieren. Es liegt mir persönlich sehr am Herzen, denn ich habe in meinem Leben selbst erfahren, um wieviel einfacher man Menschen überzeugen kann, wenn man mit einer ausdrucksstarken Körpersprache und einer souveränen Sprechweise auftritt. Ich freue mich auf das Seminar, freuen Sie sich auch darauf.« Dabei knetet er seine Hände und weicht scheinbar vor den Teilnehmern zurück.

- Der zweite Trainer tritt aufrecht und entspannt vor die Teilnehmenden, begrüßt sie mit den gleichen Worten, jedoch mit offenen Armen, freundlichem Blick, klaren Gesten und einer gut verständlichen Stimme.

- Schließlich platzt Trainer Nummer 3 herein. Er spricht den gleichen Text laut und hart artikulierend, reißt die Arme weit auseinander, geht nah an die Teilnehmenden heran und gestikuliert ausladend mit Zeigefingern, Händen und Fäusten.

Welcher Trainer wäre Ihr Favorit? Im Seminarexperiment wählt niemand die Nummer 1, ein paar wenige »entscheiden« sich mit der Begründung: »Kann kurzfristig ja mal ganz lustig sein«, für Nummer 3. Eindeutiger Gewinner ist Nummer 2. Warum? Nun, Trainer Nr. 1 ist zwar freundlich, wirkt aber unsicher und damit inkompetent. Nummer 3 kommt zwar sehr sicher und selbstbewusst daher, aber irgendwie aufgesetzt und nicht sehr sympathisch. Nur bei Trainer Nr. 2 passt alles: Er wirkt freundlich, authentisch, souverän und kompetent.

Alle drei haben versucht, die Teilnehmenden für sich und ihr Seminar zu gewinnen. Davon sind zwei gescheitert, nur einem ist es gelungen. Die Pointe dabei: Alle drei haben den gleichen Text gesprochen.

Körper und Stimme sagen mehr als tausend Worte

Das Trainer-Experiment bestätigt, was wir im Grunde genommen bereits wissen: Es kommt offenbar auf mehr an als rhetorisches Geschick und sorgfältig ausgewählte Worte.

> Wenn du Menschen überzeugen willst, dann nimm das Wie so wichtig wie das Was.

Alle wissenschaftlichen Untersuchungen zum Thema bestätigen das. Fasst man deren Ergebnisse zusammen, zeigt sich eine eindeutige Tendenz: Die Wirkung einer Botschaft bzw. einer Aussage hängt zu 60 bis 80 % von der Körpersprache und der Sprechweise ab und nur zu 20 bis 40 % von dem, was wir sagen. Betrachten wir dies näher, fallen zwei Aspekte auf.

- Körpersprache und Sprechweise sind zusammengefasst. Der Grund dafür: Beides ist im menschlichen Verhalten untrennbar miteinander verbunden. Oder kennen Sie einen Menschen, der ganz langsam spricht und sich zugleich schnell bewegt? Oder, umgekehrt, jemanden, der sich langsam und bedächtig bewegt und dabei sehr lebendig spricht?

- Zudem – und das ist entscheidender! – gibt es die Streuung bei der Wirkung der Inhalte und Worte. 20 % ist recht wenig, 40 % aber immerhin schon fast die Hälfte. Das macht eines unbestreitbar klar: Niemand sollte sich nur auf seinen charismatischen Auftritt verlassen, wenn er die volle Wirkung bei seinem Publikum erzielen will. Natürlich sind auch starke Argumente und klug gesetzte Worte wichtig. Dies vor allem dann, wenn den Zuhörern das Thema persönlich wichtig ist. Hier gilt die Formel: Je wichtiger einem Menschen ein Thema ist, desto mehr achtet er auf die Inhalte und desto weniger wirken auf ihn Körpersprache und Sprechweise.

Trotzdem bleibt es dabei: Am Ende wird es entscheidend auf Ihren persönlichen Auftritt ankommen. Je souveräner und kompetenter Sie aufgrund Ihrer Körpersprache und Sprechweise wirken, desto eher werden sich andere Ihren Argumenten anschließen. Das bedeutet: Vor allem dann, wenn Ihnen das Thema und die Inhalte besonders wichtig sind, sollten Sie sich verstärkt um die Wirkung Ihres Auftritts kümmern.

Finden Sie heraus, was gut auf andere wirkt

Wenn Sie einen Vortrag halten, etwas präsentieren oder in ein Gespräch gehen, in dem Sie andere überzeugen wollen: Wie viel Zeit stecken Sie in die Vorbereitung der Inhalte, Argumente und Worte? Und wie viel Zeit bringen Sie auf, um sich auf einen souveränen und überzeugenden Auftritt vorzubereiten? Die meisten Menschen verwenden 95 % der Vorbereitungszeit auf die Zusammenstellung ihrer Argumente. Lediglich 5 % investieren sie darin, die Rede laut zu trainieren, an ihren Gesten und Bewegungen zu arbeiten oder sich bewusst mental einzustimmen. Ich schlage Ihnen jetzt allerdings nicht vor, dieses Verhältnis umzudrehen. Das ist auch nicht nötig. Was aber sehr wohl hilft, ist, ab jetzt damit zu beginnen, bewusst auf Körpersprache und Sprechweise bei sich selbst und anderen zu achten. Allein dies wird schon dazu führen, dass Sie Ihren Auftritt verändern. Wenn Sie sich bewusst damit beschäftigen, werden Sie fast intuitiv damit beginnen, souveräne Haltungen einzunehmen und unsicher wirkende Haltungen zu vermeiden. Im Kapitel »Mit souveränem Auftritt überzeugen« werden Sie erfahren, womit Sie Ihre Wirkung auf andere mithilfe Ihrer Körpersprache und Ihren Aussagen ganz gezielt und ganz konkret stärken können. Eine wichtige Voraussetzung dafür ist, bereits ein gutes Gefühl dafür entwickelt zu haben, was bei einem Auftritt wie wirkt.

Entwickeln Sie »Auftritts-Wirkungs-Bewusstsein«

Beobachten Sie ganz bewusst Menschen, denen andere gerne und aufmerksam zuhören, und diejenigen, denen eher wenig Gehör geschenkt wird.

- Wie stehen, gegen und sitzen diese Menschen?
- Was fällt an ihrem Blick und ihrer Mimik auf?
- Was tun sie mit ihren Händen?
- Wie setzen sie ihre Stimme ein?

Stellen Sie sich vor, Sie wären selbst jemand, der ganz souverän auftritt:

- Wie wäre Ihre Körperhaltung?
- Wie würden Sie sich bewegen? Wie sprächen Sie?
- Probieren Sie es aus und genießen Sie, wie sich das anfühlt.

Strategie 2: Lernen Sie, voll hinter einer Sache zu stehen

Wer ganz hinter seiner Sache steht, vertritt diese in der Regel erfolgreicher als Menschen, die das nicht tun. Das hat nicht nur mit der Energie und der Motivation zu tun, mit der solche Menschen für ihre Angelegenheiten eintreten. Sind wir selbst zu 100 % überzeugt von etwas, erkennen das die anderen sofort. Nicht nur unsere Augen sind der Spiegel unserer Seele, unser ganzer Körper ist es. Intuitiv wissen wir das alle. In unserer Körpersprache und Sprechweise drückt sich die Wahrheit über uns aus. Mit Worten können wir lügen, mit unserem Körper ist das nur sehr schwer möglich. Anders ausgedrückt: Wir zeigen im Außen, was wir im Inneren denken und fühlen.

Warum man uns Widersprüche ansieht

In einer berühmt gewordenen Studie kam der amerikanische Kommunikationsforscher Albert Mehrabian zu folgendem Ergebnis: Wenn wir einen Widerspruch spüren zwischen dem, was jemand mit seinen Worten sagt, und dem, was er dabei mit seiner Körpersprache und seiner Stimme ausdrückt, dann vertrauen wir zu 55 % auf das, was sein Körper sagt, zu 38 % auf das, was seine Sprechweise ausdrückt, und nur zu 7 % auf den Inhalt seiner Worte.

Die Prozentzahlen gelten nur, wenn tatsächlich ein Widerspruch zwischen Inhalt und Körpersprache/Stimme wahrgenommen wird. Ansonsten haben stets auch Worte eine hohe Bedeutung, im Durchschnitt mindestens zu 20 bis 40 %.

Die innere Einstellung hat also eine enorme Wirkung auf unsere Überzeugungskraft – einfach deshalb, weil andere sie an uns wahrnehmen können. Das hat unangenehme Konsequenzen:

- Wenn ich nicht von meinen Leistungen überzeugt bin, wird auch mein Chef nicht davon überzeugt sein.
- Wenn ich als Verkäufer nicht von meinem Produkt begeistert bin, werde ich die Kunden nicht begeistern.
- Wenn ich als Führungskraft nicht hinter meinem Ziel stehe, werde ich meine Mitarbeiterinnen und Mitarbeiter nicht hinter mich und dieses Ziel bringen.
- Und wenn ich mir nicht sicher bin, dass ich etwas Wichtiges und Wertvolles zu sagen habe, wird mir auch niemand wirklich zuhören.

Finden Sie heraus, was Sie bremst

Sie sollten also darauf achten, dass Sie mit Ihrem Denken und Fühlen voll und ganz hinter Ihrer Sache stehen. Nur wenn Ihre Körpersprache und Sprechweise zu Ihren Worten passt, wirken Sie glaubwürdig und überzeugend. Nun sagt sich das so leicht: »Achten Sie darauf …« Aber wie macht man das, wenn man sich seiner Sache mal wirklich nicht sicher ist oder wenn man z. B. im Unternehmen ein Ziel vertreten muss, dass einem selbst nicht so ganz passt? Dafür gibt es eine Reihe von Möglichkeiten. Diese werde ich Ihnen im Kapitel »Überzeugungsarbeit beginnt bei Ihnen selbst« detailliert vorstellen. Sie können aber jetzt bereits damit beginnen, all die Gedanken und Gefühle herauszufiltern, die verhindern, dass Sie voll hinter Ihrer Sache stehen. Je besser Sie diese kennen, desto leichter können Sie sie verändern.

Hinterfragen Sie Ihre bremsenden Gedanken und Gefühle
1. Wenn Sie in einer Situation feststellen, dass irgendetwas Sie verunsichert, forschen Sie nach: Welche Gedanken und Vorstellungen sind dafür ursächlich?
2. Stellen Sie die Richtigkeit dieser Gedanken und Vorstellungen infrage: • Kann ich das wirklich nicht?   • Was würde wirklich passieren, wenn eintritt, was ich befürchte? Wer sagt überhaupt, dass es so kommt, wie ich befürchte?   • Wie kann ich die Situation positiv bewerten?

Strategie 3: Trauen Sie sich, Emotionen zu zeigen

Stellen Sie sich vor, es ist 20 Uhr. Sie sitzen zuhause auf Ihrer Couch, schauen fern und landen bei der Tagesschau. Der Moderator bzw. die Moderatorin spricht mit gewohnt sachlicher Stimme die vertrauten Worte: »Guten Abend, meine Damen und Herren. Ich begrüße Sie zur Tagesschau.« Damit sind Sie eingestimmt auf das, was in der nächsten Viertelstunde kommt: Krisen, Kriege, Konflikte, Elend, am Ende die Sportergebnisse und vielleicht noch etwas Nettes. Wann haben Sie diese Nachrichten emotional so richtig in Wallung gebracht? Wahrscheinlich nie oder fast nie. Das ist doch eigentlich seltsam, oder? Da erfahren wir im Sekundentakt von Toten, Krieg und Terror und vielen weiteren üblen Geschehnissen und doch lässt uns das irgendwie kalt. Wieso? Zum einen hängt das damit zusammen, wie nah uns das persönlich ist, was wir da sehen und hören. Je weiter weg etwas ist, desto weniger berührt es uns. Es hat aber auch ganz viel damit zu tun, wie die Nachrichten präsentiert werden: sachlich, neutral, emotionslos. Das ist natürlich Absicht. Nachrichten wollen ja schließlich auch nicht emotional berühren; sie wollen einfach nur informieren. Daraus lässt sich aber umgekehrt der Schluss ziehen: Wenn Sie Menschen berühren und bewegen wollen, dann sollten Sie anders agieren als ein Nachrichtensprecher. Sie sollten Emotionen zeigen.

Auf die Gefühle kommt es an

Dass es auf die Gefühle, die Emotionen, ankommt, wussten bereits die alten Römer. Das Wort Emotion leitet sich ab vom lateinischen Wort »emovere«, was »herausbewegen« bedeutet. Wenn man darüber nachdenkt, passt das sehr gut. Schließlich sind es immer unsere Emotionen, also unsere Gefühle, die uns bewegen: Sie bewegen uns aus einem Zustand heraus in einen anderen. Sie bringen uns auch dazu, eine bestimmte Handlung zu vollziehen oder uns von einem Ort zu einem anderen zu bewegen. Belegt haben das inzwischen auch die Neurowissenschaftler. Sie haben nachgewiesen, dass es nicht rationale

Überlegungen sind, die eine bestimmte Entscheidung oder ein bestimmtes Verhalten herbeiführen, sondern die Gefühle, die durch diese Überlegungen ausgelöst werden.

Auch der Begriff Motivation entstammt der Wortfamilie um movere, lat. bewegen. So lässt sich das Wort Motiv, das in Motivation steckt, am besten mit Beweggrund übersetzen. Deshalb fragt der Kommissar nach dem Motiv des Täters, also den Grund, der den Täter dazu »bewegt« hat, seine Tat zu vollbringen. In den Worten Emotion und Motivation steckt somit eine tiefe Erfahrung: Das, was Menschen bewegt, also motiviert, sind Emotionen und nicht Informationen. Das scheinen wir auch alle intuitiv zu wissen. Zumindest im Privatleben verhalten wir uns in der Regel auch danach. Immer, wenn uns etwas besonders wichtig ist, setzen wir intuitiv auf Emotionen, um zu überzeugen, nicht auf Informationen.

BEISPIEL

Eine Mutter steht mit ihrem 5-jährigen Sohn Max am Straßenrand. Plötzlich hüpft der Kleine auf die Straße. Ein Auto nähert sich mit hoher Geschwindigkeit. Würde die Mutter ihren Sohn im sachlichen Nachrichtensprecher-Tonfall informieren: »Max, du solltest besser von der Straße gehen. Dort kommt ein Auto. Das wird gleich sehr gefährlich für dich.«, hätte das wohl keine große Wirkung auf den Nachwuchs. Jede Mutter weiß das. Statt zu informieren, wird sie deshalb hochemotional mit lauter, eindringlicher Stimme rufen: »STOPP, Maximilian! Geh sofort von der Straße!« Max ist dann zwar nicht sehr gut informiert über die Situation, wird stattdessen aber sofort spüren, dass er reagieren muss ... und es auch tun.

Weil nur Emotionen überzeugen, macht der Klaus seiner Sabine keinen Heiratsantrag auf einem Formblatt und liest niemand die Städtestatistik auf Wikipedia vor, wenn er seine Freunde zu einer Städtetour motivieren will. Im Privatleben ist das selbstverständlich. Wie sieht es aber im Berufsalltag aus?

Emotionen und Berufsleben – passt das zusammen?

Auch im Berufsleben gilt: Emotionen schlagen fast immer Informationen, jedenfalls dann, wenn Sie andere Menschen überzeugen, begeistern und motivieren möchten.

BEISPIEL

Im Rahmen einer Ausschreibung präsentieren die Mitarbeiter einer Firma die von ihr entwickelte Maschine – ganz sachlich mit allen technischen und finanziellen Fakten wie Produktivität, Wartungsintervalle, Kosten pro Stück, Betriebskosten pro Stunde usw. Die Mitarbeiter eines anderen Unternehmens stellen eine ähnliche Maschine mit genauso hervorragenden Werten vor. Sie tun dies aber voller Begeisterung für ihr Produkt, so dass man spürt, wie sehr sie sich in die Entwicklung gekniet haben und wie stolz sie auf das Ergebnis sind. Wer bekommt am Ende wahrscheinlich den Zuschlag?

Chef und Chefin halten ihre Jahresansprache vor der Belegschaft. Abwechselnd erläutern sie auf vielen PowerPoint-Folien die gute Geschäftsentwicklung in den ersten neun Monaten des Jahres. Dabei bleiben sie sachlich-neutral. Ebenso, als sie die schlechter werdenden Zahlen im letzten Quartal präsentieren. Mit genauso unbewegten Mienen wie zuvor fordern sie am Ende die Mitarbeiter dazu auf, neue Ideen zu entwickeln, das Ruder mit Engagement herumzureißen und voll motiviert die Herausforderung des neuen Geschäftsjahres anzupacken. Wie motiviert und begeistert werden die Mitarbeiter diese Veranstaltung verlassen? Der Anstieg ihrer Motivation und Begeisterung wird vermutlich kaum messbar sein.

Die Lehre aus diesen Beispielen lautet: Wer Menschen wirklich für etwas gewinnen möchte, sollte sich vom Gedanken verabschieden, dass man sich in der Berufswelt stets sachlich, neutral und emotionslos zu zeigen hat.

> Kommunikation muss Emotionen erzeugen, um Motivation auszulösen. Dieser Grundsatz gilt auch im Beruf. Die Konsequenz, die wir daraus ziehen können, heißt: Traue dich, Emotionen zu zeigen. Denn nur wenn du zeigst, dass du bewegt bist, wirst du auch andere bewegen.

Sie sind nicht so der emotionale Typ?

Keine Sorge, niemand, der eher zurückhaltend und ruhig ist, muss sein Wesen verändern und südländisches Temperament zeigen, um überzeugend zu wirken. Die Überzeugungskraft von Emotionen steckt nicht in deren äußerlicher Intensität. Sie steckt darin, dass sie als besondere Emotionen eines Menschen auffallen. Bei einem ohnehin überschwänglichen Typ muss ein besonderes Begeisterungsgefühl deshalb um etliches intensiver sein, um aufzufallen, als bei einem sonst eher ruhigen und emotional zurückhaltenden Menschen. Bei diesem genügt schon ein etwas intensiveres Strahlen seiner Augen oder eine etwas impulsivere Geste, um zu zeigen, dass er von einer Sache positiv bewegt und angetan ist. Wie Sie Ihre Emotionen am besten zeigen, erfahren Sie in den nächsten Kapiteln. Zum Einstieg empfehle ich Ihnen folgendes Vorgehen.

Treten Sie Schritt um Schritt beherzter auf
1 Wenn Sie von Emotionen sprechen, zeigen Sie sie auch. Lächeln Sie wirklich, wenn Sie sagen, dass Sie sich freuen? Strahlen Ihre Augen, wenn Sie begeistert sind?
2 Trauen Sie sich, Wörter mal etwas stärker und emotionaler zu betonen, als Sie es sonst tun.
3 Wenn Ihnen ein Thema wichtig ist oder Sie etwas erklären, probieren Sie, Ihre Gestik etwas lebhafter zu gestalten als sonst.

Die Wirkung dieser drei kleinen Übungen besteht darin, dass Sie die Kanäle, durch die Ihre Emotionen für andere spürbar werden, durchlässiger machen. Das wird Sie nicht nur überzeugender wirken lassen, sondern auch Ihre Selbstsicherheit weiter stärken.

Strategie 4: Hören Sie zu

Wenn Menschen in meine Seminare kommen oder sich von mir coachen lassen, dann wollen sie in der Regel ihre Kommunikation verbessern – als Führungskraft, im Verkauf, bei Vorträgen oder in ganz alltäglichen beruflichen oder privaten Gesprächen. Stets frage ich dann: »Was ist Ihnen das Wichtigste beim Kommunizieren?« Die Antwort darauf lautet in 99 % aller Fälle: »Ich will, dass meine Botschaften bei anderen Menschen ankommen und ich sie von mir, von meiner Sache oder von meinen Ideen und Vorstellungen überzeugen kann.« Im Seminar sage ich daraufhin: »Okay! Offenbar will jeder Mensch andere von irgendetwas überzeugen. Was würde wohl geschehen, wenn Sie jetzt alle sofort damit loslegen würden? So, dass jeder hier im Raum versucht, den anderen von etwas Wichtigem zu überzeugen. Wie hoch wäre die Wahrscheinlichkeit, dass Sie erfolgreich sind?« Auch hier ist die Antwort in 99 % aller Fälle die gleiche: »Wahrscheinlich würde niemand irgendwen von irgendetwas überzeugen.« So ist es tatsächlich. Und genauso können wir alle es in vielen alltäglichen Kommunikationssituationen erleben. Denn wenn alle nur überzeugen wollen, ist niemand mehr da, der zuhört und sich überzeugen lässt.

Vorsicht vor der »Sendemodus-Falle«

Überlegen Sie einmal für sich selbst: Was muss ein Mensch tun, damit Sie sich von ihm überzeugen lassen? Mit Vehemenz auf Sie einreden? Jede Ihrer Fragen mit einer Gegenfrage beantworten? Auf jedes Ihrer Argumente ohne nachzudenken eine flotte Antwort parat haben? Wohl kaum. Er sollte eher das Gegenteil tun: Ihnen zuhören. Sich für Sie und Ihre Argumente interessieren. Überhaupt erst einmal verstehen, was Sie wollen und darüber nachdenken. Erst dann wären Sie wahrscheinlich bereit, sich auf seine Argumente einzulassen. So etwas erlebt man aber eher selten. In der Regel ist es so, dass beide Gesprächspartner im Sendemodus sind und keiner im Empfängermodus. Das heißt: Beide sind nur darauf orientiert, die eigenen Gedanken zu äußern, aber nicht darauf, dem anderen zuzuhören und ihn zu verstehen. Auch wenn beide das merken, führt das in der Regel nicht dazu, dass einer mit dem Zuhören beginnt. Im Gegenteil: Meist beginnen beide noch intensiver zu argumentieren. Am Ende scheitert das Gespräch. Aus Sicht der Beteiligten liegt das natürlich nur daran, dass der andere nicht richtig zugehört hat. Ein gewaltiger Trugschluss. Der wahre Grund ist: Beide haben nicht richtig zugehört.

Die meisten Überzeugungsgespräche enden ergebnislos, weil die Gesprächspartner das Gefühl haben, persönlich nicht akzeptiert und inhaltlich nicht verstanden zu werden. Um jemand anderen zu überzeugen, sollten Sie daher erst einmal dafür sorgen, dass er Vertrauen in Sie und Ihre Person aufbaut, damit er sich überhaupt für Ihr Anliegen und Ihre Argumente öffnet. Das gelingt am besten, wenn Sie erst einmal schweigen, wirklich interessiert zuhören und schließlich auch noch erkennbar verstehen. Was Sie alles dafür tun können, um diese Wirkung zu erzielen, werde ich Ihnen im Kapitel »Menschen durch Verständnis bewegen« erläutern. An dieser Stelle ist erst einmal die folgende Maxime wichtig, nach der Sie künftig handeln sollten: zunächst die anderen verstehen (wollen) und sich danach erst darum kümmern, verstanden zu werden. Allein schon dieses Verhalten wird Ihre Überzeugungskraft deutlich stärken. Denn wenn Sie anderen Menschen zuhören, werden diese sich viel mehr auf Ihre Argumente einlassen als bisher. Hinzu kommt: Je aufmerksamer Sie zuhören, desto mehr erfahren Sie, wie Ihr Gegenüber denkt und fühlt. Und desto klarer werden Sie erkennen, welche Argumente bei ihm greifen und welche nicht. Das ist die wichtigste Voraussetzung, um die Erfolgsstrategie Nr. 5 anzuwenden.

Strategie 5:
Wagen Sie den Perspektivenwechsel

Wir Menschen glauben meist, dass andere die Welt genauso sehen wie wir. Das ist aber mitnichten so. Sie sehen zwar *auf* die gleiche Welt wie wir, aber sie nehmen ganz Unterschiedliches *darin* wahr. Und vor allem: Sie bewerten das, was sie wahrnehmen, oft ganz anders als wir. Wenn wir das nicht beachten, schwächt das unsere Überzeugungskraft enorm.

BEISPIEL

> Weil er selbst schnelles Fahren klasse findet, preist der Verkäufer die Pferdestärken und die Motorleistung des Oberklassewagens an – und vergrault damit den Kunden, der sich über Raser aufregt und den nur die Luxusausstattung des Wagens interessierte.

> Eine Chefin will ihren Mitarbeiter motivieren. Weil sie selbst eine Macherin ist, stellt sie ihm eine Projektleitung in Aussicht. Dieser fährt daraufhin sein Engagement herunter, weil ihn die Verantwortung schreckt.

Der Verkäufer und die Führungskraft aus den Beispielen nahmen ganz selbstverständlich an, dass andere die Dinge so bewerten, wie sie selbst es tun. Fatal!

Hüten Sie sich vor der Was-mir-gefällt-gefällt-auch-anderen-Falle

Immer wieder tappen wir in diese Falle: Wie können andere Menschen etwas nicht gut finden, was für uns ganz klar etwas

Tolles und Positives ist? Das ist in der Tat schwer zu verstehen. Es kostet auch etwas Zeit und Mühe, denn es verlangt, sich für den anderen zu interessieren und sich in ihn hineinzuversetzen: Wie »tickt« er? Was freut ihn? Was ärgert ihn? Aber der Aufwand lohnt sich. Denn wenn Sie das alles wissen, finden Sie genau die Argumente, die wirklich bei dem anderen greifen. So, wie es einer Teamleiterin gelang, die ich coachte.

BEISPIEL

> Franziska Weiler hatte einen sehr engagierten Mitarbeiter, der ein wichtiges Projekt leitete. Er kümmerte sich um alles, meldete sich sogar jeden Tag aus dem Urlaub ... und nervte damit alle anderen. Um das zu vermeiden, sagte Frau Weiler ihm etwas, was sie selbst und die meisten Menschen dazu gebracht hätte, sich nicht zu melden: Er solle seinen Urlaub doch genießen und ganz beruhigt sein. Man würde das im Betrieb auch mal ohne ihn hinbekommen. Das machte es aber nur schlimmer. Erst ein Coaching brachte es ans Licht: Der Mitarbeiter ist unsicher und braucht das Gefühl unentbehrlich zu sein, hat aber von seiner Chefin vermeintlich das Gegenteil gehört. Vor dem nächsten Urlaub gab ihm die Teamleiterin deshalb Folgendes mit auf den Weg: »Sie sind so wichtig und unentbehrlich für uns, bitte erholen Sie sich gut und lassen Sie die Arbeit ruhen. Ich weiß, es wird im Projekt Probleme geben, die wir ohne Sie nicht lösen können. Damit warten wir dann einfach, bis Sie wieder zurück sind!« Diese Argumente passten. Der Mitarbeiter meldete sich nicht aus dem Urlaub.

Wenn Sie andere Menschen zu etwas bewegen möchten, dann lohnt es sich also, sich genauer mit ihnen zu beschäftigen. Genau das ist der Weg, um zu starken, überzeugenden Argumenten zu kommen. Denn: Starke Argumente sind nicht diejenigen, die Sie selbst überzeugen oder die vielleicht viele gut fänden, sondern nur solche, die bei dem Menschen greifen, den Sie überzeugen möchten. Später gebe ich Ihnen noch eine ganze Reihe von konkreten Tipps, wie Sie zu genau solchen Argumenten finden. Damit Sie ein Gefühl für individuell passende Argumente entwickeln, empfehle ich Ihnen hier bereits, immer nach folgenden Grundsätzen zu handeln:

Interessieren Sie sich für die Menschen, die Sie motivieren möchten. Beobachten Sie, wie Ihr Gegenüber handelt und beantworten Sie sich folgende Fragen: Welche Interessen verfolgt er wahrscheinlich? Welche Werte könnten ihm wichtig sein? Was bereitet ihm wahrscheinlich gute Gefühle? Was mag er vielleicht gar nicht?

Auf einen Blick: Die Erfolgsstrategien

- Wer andere Menschen überzeugen kann, erreicht seine Ziele leichter und lebt erfüllter. Diese Fähigkeit ist erlernbar und beruht auf dem Zusammenspiel von innerer Einstellung, Körpersprache, Sprechweise, Worten und Taten.
- *Wie* Sie etwas sagen, ist für die Wirkung einer Aussage entscheidender als das, *was* Sie sagen.
- Was Sie denken und fühlen, können andere über Ihre Körpersprache und Sprechweise sehen, hören und spüren.
- Menschen lassen sich von Emotionen motivieren und überzeugen. Sie sollten sich deshalb trauen, Emotionen zu zeigen. Nur wenn Sie das tun, werden Sie andere bewegen.
- Für jeden von uns sind andere Dinge wichtig. Um einen anderen zu überzeugen, müssen Sie deshalb Argumente finden, die zu seinen Interessen und Werten passen.

Überzeugungsarbeit beginnt bei Ihnen selbst

Je mehr Sie selbst für eine Sache brennen, desto leichter gelingt es, das Feuer in anderen zu entfachen. Der erste Schritt in Richtung Überzeugungskraft führt daher zu Ihnen selbst.

In diesem Kapitel erfahren Sie u. a.,

- wie Sie innere Bremsen und Blockaden lösen,
- wie Sie sich für Ihre eigenen Anliegen stärken können,
- mit welchen Techniken Sie sich selbst motivieren, wenn es mal schwierig wird.

Die Leidenschaft in sich entfachen

Ging es Ihnen auch schon einmal so? Sie sitzen mit jemandem zusammen und Ihr Gegenüber fängt an zu schwärmen: von irgendeiner Stadt, einem Buch, einer Sportart, einer wirtschaftswissenschaftlichen Theorie, irgendetwas Technischem. Und ganz plötzlich finden Sie diese Sache, die Ihnen bislang noch nie wichtig war, auch höchst interessant und können es kaum erwarten, mehr darüber zu erfahren oder es einmal selbst auszuprobieren. Wie konnte es dazu kommen? Sie haben ja nur geplaudert und der andere hat nicht ausdrücklich versucht, Sie von irgendetwas zu begeistern oder zu überzeugen. Und doch ist genau das passiert.

Dahinter steckt die menschliche Grunderfahrung, dass wir uns von den Emotionen und Leidenschaften anderer Menschen anstecken lassen.

> Je mehr ein Mensch für eine Sache brennt, desto leichter gelingt es ihm, andere damit anzustecken.

Das gilt nicht nur für die großen Leidenschaften. Das gilt genauso für die alltäglichen Dinge des Lebens.

BEISPIEL

Wenn jemand mehr oder minder emotionslos davon erzählt, dass er in einem netten Restaurant war und ganz gut gegessen hat, dann hören wir zu, registrieren das für einen Moment – und vergessen es dann schnell wieder. Wenn aber jemand mit leuchtenden Augen von diesem Besuch erzählt, uns mit bewegten Gesten und lebendiger Stimme miterleben lässt, wie schön es dort war und wie lecker das Essen geschmeckt hat, dann merken wir uns das, bekommen Lust ebenfalls dorthin zu gehen und tun es wahrscheinlich auch.

Und nun stellen Sie sich vor, Sie könnten andere Menschen immer wieder genauso leicht begeistern. Im Beruf zum Beispiel, wenn Sie Ihre Kollegen und Ihren Chef für Ihre Ideen und Vorschläge gewinnen wollen, wenn Sie einen Kunden davon überzeugen möchten, dass Ihr Produkt wirklich genau das richtige für ihn ist, oder wenn Sie Mitarbeiter für das nächste Projekt motivieren müssen. Oder auch im Privatleben, wenn Sie Ihre Familie z. B. für Ihren Wunsch-Urlaubsort begeistern wollen.

Für die meisten Menschen würden mehr Leidenschaft und mehr Emotionen deutlich positive Veränderungen bewirken: Ihnen würde mehr zugehört, mehr geglaubt und mehr gefolgt. Mit anderen Worten: Sie könnten ihre Ziele leichter erreichen. Um hier gleich einem Missverständnis vorzubeugen: Es geht nicht darum, immer extrovertiert, mit überschäumender Emotionalität durch die Welt zu wandeln und mit eindringlicher Stimme und ausladenden Gesten auf andere einzureden. Nein! Es geht darum, sich zu trauen, mit etwas mehr Emotion als sonst für seine Sache und seine Anliegen einzutreten. Denn nur wer zeigt, dass er bewegt ist, wird auch andere bewegen.

Dieses Trauen und Zeigen ist das Entscheidende. Die Gefühle, die wir haben, sind ohnehin immer da. Wenn unsere Gefühle für andere nicht spürbar sind, dann nur, weil es uns sicherer scheint, sie nicht zu zeigen.

Die Gründe dafür sind vielfältig. Viele haben gelernt, dass es schicklicher ist, still und bescheiden zu sein. Manch ein Kind wurde dafür bestraft, wenn es seine Gefühle allzu überschwänglich zeigte. Es fürchtet dann als Erwachsener unbewusst immer noch, dass so etwas passieren könnte.

Häufig ist die emotionale Zurückhaltung aber auch nur Konvention, hauptsächlich im Berufsleben. Da kamen Menschen offenbar irgendwann einmal auf die Idee, man könne im Beruf seine Kompetenz nur beweisen, wenn man ernst, unbewegt und emotionslos agiert und spricht. Mit dem Effekt, dass es immer noch ganz viele Chefs gibt, die genau mit dieser Haltung sog. Motivationsansprachen an ihre Mitarbeiter halten – und sich dann darüber beklagen, dass diese sich nicht motivieren lassen. Wie auch? Von jemand, der selbst völlig unmotiviert, also unbewegt, wirkt?

Sie und wir alle können es besser machen. Ein erster Schritt in die richtige Richtung ist der folgende: Prüfen Sie doch einfach mal, ob es vielleicht irgendwelche inneren Bremsen und Blockaden gibt, die verhindern, dass Sie die Emotionen zeigen, mit denen Sie andere Menschen schneller und leichter für Ihre Sache begeistern könnten.

Innere Bremsen und Blockaden lösen

Je nachdem, was wir über uns oder eine Situation denken, fühlen wir uns prächtig oder mies. Demnach gibt es

- bremsende Schwächungsgedanken, also solche, die einem innere Stärke nehmen, einen hemmen und blockieren, und

- motivierende Power-Gedanken, also solche, die einem innere Stärke geben, einen beflügeln und energetisieren.

Beide Gedankentypen bilden bei jedem Menschen ein anderes, in der Regel unbewusstes Muster. Dieses Muster beeinflusst, wie wir bestimmte Situationen werten, wie wir uns darin fühlen und wie wir handeln. Entstanden ist es in der Regel aus Botschaften von anderen, meist von »Autoritäten« wie Eltern und Lehrern, aber auch von Freunden und Bekannten.

Schwächende Botschaften	Stärkende Botschaften
Du hast gar nichts zu sagen.	Du kannst immer mitreden.
Sei still.	Erzähle.
Das kannst du nicht. Das schaffst du nicht.	Das kannst du. Das schaffst du.
Sei bescheiden. Gib nach.	Sei mutig. Kämpfe.
Du bist dumm, doof, unfähig.	Du bist schlau, clever, fähig.

Aus diesen Botschaften werden im Laufe des Lebens Glaubenssätze und (Selbst-)Überzeugungen, die wir nicht mehr hinterfragen. Wer in seinem Leben viele schwächende Botschaften zu hören bekommen hat, wird sich in Gesprächen und bei Reden unsicher fühlen und sich auch so verhalten. Wir sind uns dann z. B. ganz gewiss, dass wir keine guten Redner sein können, dass wir nichts Wichtiges zu sagen haben, dass es anmaßend ist, wenn wir uns so den Mittelpunkt stellen, dass wir ganz sicher einen Blackout haben werden und überhaupt bei der Präsentation ganz bestimmt eine blöde Figur abgeben. Wer dagegen mit vielen stärkenden Botschaften ausgestattet wurde, wird sich sicher fühlen und sich entsprechend souverän verhalten.

Finden Sie Ihre Power-Gedanken

Die gute Nachricht für alle, die durch schwächende Botschaften und Glaubenssätze behindert werden: Diese Behinderungen sind erlernt. Das heißt, sie können auch wieder »entlernt« und durch stärkende Einstellungen und Überzeugungen ersetzt werden.

Blockierende Gedanken durch Power-Gedanken ersetzen	
1	Überlegen Sie: Welche unbehaglichen Gefühle können Sie auf schwächende Gedanken, Einstellungen und Erwartungen zurückführen?
2	Schreiben Sie diese schwächenden Gedanken, Einstellungen und Erwartungen auf.
3	Machen Sie sich bewusst, dass es sich hierbei nicht um ewige Wahrheiten handelt, sondern nur um erlernte, subjektive Annahmen, die Sie behindern.

	Blockierende Gedanken durch Power-Gedanken ersetzen
4	Nehmen Sie jede einzelne Aussage bzw. jeden einzelnen Gedanken auseinander. Fragen Sie: Wer sagt das? Ist das überhaupt so? Kann es nicht auch ganz anders sein? Und wenn es so ist, folgt daraus wirklich etwas Schlimmes?
5	Setzen Sie schließlich den Gedanken, die Sie schwächen, ganz bewusst Gedanken entgegen, die Sie stärken. Schreiben Sie sie auf.

Vom Power-Gedanken zum Power-Satz

Funktionierende Power-Sätze sind häufig das genaue Gegenteil zu schwächenden Gedanken bzw. hebeln deren Wirkung komplett aus. Damit sind Sätze gemeint, die Sie tatsächlich emotional packen und anfeuern. Je einfacher und direkter sie sind, desto besser funktionieren sie. Ein innerlich gesprochenes »Ran und Spaß haben!« pusht einen nach vorn. Dagegen ist ein Satz wie »Ich stelle mich der Situation und versuche, sie mit Spaß zu bewältigen« saft- und kraftlos.

Eine zweispaltige Tabelle hilft Ihnen dabei, Ihre Power-Sätze zu finden. In die linke Spalte schreiben Sie die schwächenden Gedanken. In die rechte Spalte schreiben Sie Ihren schmissigen Konter.

Beispiele zur Anregung	
Schwächende Gedanken/ Bremsende Sätze	**Stärkende Gedanken/ Power-Sätze**
Ich muss perfekt sein.	Fehler machen ist sympathisch. Einen Quatsch muss ich!
Was ich sage, interessiert niemanden.	Ich berichte Hochinteressantes. Wer nicht zuhört, ist selbst schuld.
Ich weiß ja nichts.	Ich habe Wichtiges mitzuteilen.
Mich nervt schon der Gedanke an das nächste Referat.	Ich freu' mich drauf, Interessantes zu erzählen.

Finden Sie heraus, welche Sätze Sie emotional wirklich nach vorne bringen. Sprechen Sie sie innerlich oder auch laut aus und fühlen Sie in sich hinein: Verändern sie Ihr Gefühl? Lassen Sie sie souveräner, entspannter, kraftvoller oder, wie auch immer, positiver fühlen? Vielleicht hilft es, den einen oder anderen Satz etwas umzuformulieren, damit er in Ihnen die gewünschte Wirkung erzielt.

Die Angstbremse überwinden

Was tun, wenn trotz Power-Gedanken und -Sätzen die blockierenden Gefühle und Ängste nicht verschwinden? Wenn zittrige Hände, angespannte Schultern, unsichere Blicke oder eine schwache Stimme eine überzeugende Ausstrahlung sabotieren?

Die meisten Menschen versuchen, all das mit positivem Denken zu überwinden. Also mit Autosuggestionen wie z. B.: »Alles wird gut. Das wird schon klappen. Du wirst das schaffen ...« Gemeinsam ist all diesen Beschwörungssätzen: Bei echter Angst funktionieren sie nicht. Und das ist auch gut so. Denn die Angst wacht über uns und will uns schützen. Was wäre die Angst aber für eine schlechte Wächterin, wenn sie nach einem billigen »Alles wird gut!« ihren Dienst beenden würde. Würde sie sich so einfach beruhigen lassen, wären wir Menschen wahrscheinlich schon längst ausgestorben. Sie braucht schon handfestere Argumente, um ihre Warnungen einzustellen.

Nehmen Sie Ihre Ängste und Befürchtungen in Sachen Auftreten und Reden ernst. Spielen Sie durch, was alles in der konkreten Situation passieren könnte, und überlegen Sie, wie Sie darauf reagieren könnten. Dann werden Sie mit ziemlicher Sicherheit echte Gründe finden, die Ihre Angst wirklich beruhigen.

BEISPIEL

> Gerhard Haussmann ist Teamleiter in einem technischen Betrieb. Bei Reden und Präsentationen hat er Angst, ins Stocken zu geraten und sich furchtbar zu blamieren. Um sich zu entstressen, hat er die »Ich-spiele-meine-Befürchtungen-durch«-Methode angewendet. Sein Ergebnis: Menschen finden es fast nie schlimm, wenn jemand bei einer Rede mal einen Hänger hat. Außerdem kann er in einem solchen Moment locker sagen: »Moment, ich habe meinen Faden verloren. Sobald ich ihn gefunden habe, geht es unverzüglich weiter«. Das käme wahrscheinlich sogar richtig gut an. Mithilfe dieser Überlegungen kann er vor der nächsten Rede erstmals durchschlafen.

Warum hat sich die Angst bei Gerhard Haussmann zurückgezogen? Ganz einfach: Sie hat erfahren, dass ihr Wächterinnen-Job erledigt ist und wirklich alles gut wird – nicht, weil Gerhard

Haussmann es parolemäßig behauptet, sondern weil er ihr echte, überzeugende Gründe dafür geliefert hat. Er hat ihr und sich z. B. vor Augen geführt, dass Menschen einen anderen nicht etwa nur als souverän erleben, wenn er keine Fehler begeht, sondern auch, wenn er zu begangenen Fehlern steht und dann souverän mit ihnen umgeht.

Ein bisschen Nervosität sollte übrigens bleiben. Denn dabei schießt Energie in unseren Körper und unsere Sinne schärfen sich – alles Eigenschaften, die beim Reden, Präsentieren und Diskutieren recht nützlich sind.

Starke Ziele, starkes Auftreten

Wenn ich Menschen coache, die sich auf eine Rede, eine Präsentation oder ein wichtiges Gespräch vorbereiten, dann frage ich sie stets: »Was wollen Sie damit erreichen?« In der Regel erhalte ich dann eine der folgenden Antworten:

- Ich möchte über den Umstand XYZ informieren.
- Ich möchte, dass Zusammenhänge verstanden werden.
- Ich möchte diese oder jene Sache klären.

In diesem Moment weiß ich, dass sich jemand noch nicht recht traut, für etwas einzutreten, und er deshalb wahrscheinlich auch eher zurückhaltend und wenig energiegeladen auftreten wird. Denn, wenn uns etwas wirklich wichtig ist, wir wirklich etwas bewirken wollen, dann sprechen wir nicht distanziert darüber.

BEISPIEL

> Herbst 1983. Eine dunkle Bühne. Beleuchtet sind nur das Rednerpult und der junge Mann, der dort steht mit einem verschmitzten Lächeln im schmalen Gesicht. Es erklingt rhythmische Musik. Als sie endet, beginnt der Mann zu sprechen. Das Jungenhafte verschwindet aus seinem Gesicht. Er spricht ernst, eindringlich, betont seine Aussagen, setzt spannungsgeladene Pausen. In jedem Wort, in jedem Satz spürt man, dass hier jemand mit großer innerer Kraft spricht. Jemand der eine Botschaft hat. Jemand der etwas bewirken will. Der 29-jährige Steve Jobs spricht zu seinen Mitarbeitern. Kündigt an, dass sie zusammen in eine Zukunft gehen, in der sie den alles beherrschenden Branchenriesen IBM überflügeln werden. Kündigt es so eindrücklich an, dass alle mitgerissen sind und in begeisterten Jubel und Applaus ausbrechen.

Es lohnt sich, diese Rede im Internet anzuschauen (Suchbegriffe bei YouTube: »the 1984 ad introduction«, oder via Link: www. youtube.com/watch?v=lSiQA6KKyJo). Denn in ihr wird das zentrale »Geheimnis« jedes überzeugenden Auftretens deutlich. Steve Jobs tut dabei nichts Außergewöhnliches. Er traut sich lediglich, mehr zu wollen, als nur etwas nahezubringen oder über etwas zu informieren: er will etwas *bewirken*.

Genau darum geht es aber beim Thema Überzeugungskraft: Man muss etwas bewirken wollen. Und das heißt immer auch etwas verändern wollen. Wenn Sie aber von vornherein darauf verzichten, etwas zu wollen, indem Sie Ihr Ziel ganz vorsichtig formulieren, dann schwächt das Ihre Überzeugungskraft und natürlich auch Ihr Anliegen.

> Treten Sie anderen mit der festen Absicht gegenüber, bei ihnen etwas bewegen zu wollen. Alleine durch diese innere Zielsetzung werden Ihr Auftreten und Ihre Ausstrahlung kraftvoller, lebendiger und überzeugender.

Formulieren Sie Ihr Ziel kraftvoll und klar

Aus diesen Grundsätzen lässt sich eine empfehlenswerte Technik ableiten: Angenommen, Sie bereiten sich auf ein Gespräch oder eine Präsentation vor. Dann ist es unglaublich stärkend, wenn Sie klipp und klar auf den Punkt bringen, was Sie bewirken wollen. Am besten packen Sie Ihr Anliegen in einen knackigen Satz, der höchstens ein Komma enthält.

BEISPIELE

Ich will, dass alle meine Kollegen beim Projekt XY mit mir an einem Strang ziehen.

Ich möchte, dass mein Publikum für das Kinderhilfsprojekt spendet.

Ich will bei meinem Chef eine Gehaltserhöhung durchsetzen.

Formulieren Sie Ihr Ziel wie in den Beispielen möglichst konkret und eindeutig. Variieren Sie so lange, bis Sie spüren, dass Ihr Zielsatz tatsächlich Ihren Willen und Ihre Motivation stärkt. Nur so entfaltet er seine Wirkung. Schreiben Sie ihn am besten gleich auf.

Einen wirkungsvollen Zielsatz finden Sie am einfachsten, wenn Sie mit Satzanfängen arbeiten, die Ihre Gedanken gleich in die richtige Richtung lenken. Bewährt haben sich:

- »Ich will, dass mein(e) Gesprächspartner ...«

- »Mein Vortrag ist erfolgreich, wenn ...«

- »Ich habe mein Ziel erreicht, wenn mein Publikum hinterher ...«

Ergänzen Sie den Rest. Probieren Sie aus, mit welchem der Anfänge Sie am leichtesten einen starken Zielsatz finden.

Wenn Sie diesen vor sich stehen haben, werden Sie zweierlei merken: Ihr kraftvoll formuliertes Ziel lässt Sie spürbar kraftvoller auftreten. Und Sie werden viel klarer entscheiden können, wen oder was Sie benötigen, um Ihr Ziel zu erreichen.

Ziehen Sie Kraft aus dem Nutzen, den Sie bieten

Was macht Menschen glücklich? Helfen! Zu diesem Ergebnis kommt jedenfalls eine ganze Reihe von Studien. Von dieser Erkenntnis können Sie profitieren, um sich für Ihr Anliegen zu stärken. Und zwar, indem Sie sich so konkret wie möglich bewusst machen, welchen Nutzen Sie bieten. Schreiben Sie am besten auf, wie Sie das Leben Ihrer Zuhörer oder Gesprächspartner reicher, schöner, einfacher, bequemer machen. Wie Sie einen Mangel beseitigen, den diese erleben, oder wie Sie ein Problem lösen, das sie haben.

Der psychologische Effekt ist beachtlich: Sie werden sich danach zutiefst sicher sein, dass Sie jedes Recht der Welt haben, das Wort zu ergreifen und zu sprechen. Schließlich helfen Sie ja anderen Menschen! Das bedeutet auch: Sie haben etwas wirklich Wichtiges zu sagen, und genau das werden Sie durch Ihr Auftreten nach außen ausstrahlen. Andere werden es merken und Ihnen gespannt und aufmerksam zuhören, was Ihnen wiederum während des Redens einen weiteren Souveränitätsschub geben wird.

Folgende Fragen helfen, den Nutzen, den Sie bieten, zu bestimmen:

- Was finde ich toll und interessant an meinem Thema?

- Warum lohnt sich aus meiner Sicht die Beschäftigung damit?

- Welches Problem meiner Zuhörer löse ich; welchen Mangel beseitige ich?

- Was wird durch meinen Beitrag für die Zuhörer, ihr Leben, ihre Firma, ihre Organisation etc. besser, einfacher oder leichter?

- Wodurch und an welcher Stelle wird durch meinen Beitrag etwas in der Welt besser?

Wenn Ihnen auf all diese Fragen nichts einfällt, dann sollten Sie tatsächlich besser schweigen. Denn dann bringt es niemandem etwas, wenn Sie sprechen. Ich bin mir aber sicher, dass Sie recht schnell Antworten finden. Vielleicht müssen Sie dazu erst Ihre »natürliche« Bescheidenheit überwinden. Aber glauben Sie mir, es lohnt sich – für Sie selbst und für Ihre Zuhörer.

Der Spezialfall: für fremde Anliegen eintreten

Im Berufsleben kommen Situationen wie diese immer wieder vor: Man soll z. B. als Führungskraft eine Entscheidung der Geschäftsleitung vertreten, die man selbst gar nicht hundertprozentig gut findet. Oder man soll ein Produkt verkaufen, mit dem man sich nicht oder nur wenig identifizieren kann. Das Dilemma ist klar: Je weniger Sie hinter Ihrer Sache stehen, desto deutlicher werden Ihre Mitarbeiter, Kollegen, Kunden und Geschäftspartner das spüren. Darunter leidet dann die Glaubwürdigkeit Ihrer Aussagen und damit auch Ihre Überzeugungsfähigkeit. Die große Frage in solchen Fällen lautet deshalb: Wie können Sie trotzdem überzeugend auftreten? Dazu gibt es eine Reihe von Möglichkeiten, mit denen wir uns hier beschäftigen.

Lohnt der Kampf noch?

In Diskussionen hat man Widerstand gegen bestimmte Ziele und Sachen gezeigt, Argumente dagegen vorgebracht, für andere Lösungen plädiert ... Und dann ist es doch so gekommen, wie man es nicht wollte. Und zu allem Übel muss man dann auch noch genau diese Ziele oder diese Sache gegenüber anderen vertreten! Schnell tappt man dann in die naheliegende Falle: Man kämpft den verlorenen Kampf doch noch weiter.

BEISPIEL

Produktionsleiter Hermann Gebauer hat seit Wochen gegen die geplante Neuorganisation gekämpft. Seiner Meinung nach macht sie die

Zusammenarbeit von Produktion und Vertrieb nicht effizienter, sondern komplizierter. Doch all seine Argumente nützten letztlich nichts. Die Neuorganisation ist beschlossene Sache. Gebauer verkündet seinem Team: »Also, die Geschäftsführung hat einige weitreichende Entscheidungen getroffen. Ich soll euch jetzt sagen, dass wir ab nächstem Monat folgende Veränderungen umzusetzen haben ...« Diese Formulierung drückt viel Frust und viel Distanzierung aus. Die Folge: Alle im Team merken das und wissen, dass ihr Abteilungsleiter das Neue nicht gutheißt. Dementsprechend werden die Teammitarbeiter auch nicht hinter den Veränderungen stehen.

Wenn Sie dieser Falle des frustrierten Nachtretens oder unterschwelligen Boykottierens entgehen möchten, dann hilft es, wenn Sie sich folgende Fragen stellen:

- Was nützt es mir oder der Sache, wenn ich weiter dagegen angehe? Wird dadurch etwas entscheidend besser?

- Wird dadurch sogar etwas schlechter? Und wenn ja: Was genau wird dadurch schlechter und schwieriger?

Wenn Sie zu dem Ergebnis kommen, dass »das Ding durch ist« und weiterer Widerstand mehr schadet, als er hilft, dann entscheiden Sie sich ganz bewusst: Ich akzeptiere die neue Situation und mache das Beste daraus! Das allein macht Sie zwar noch nicht zum leidenschaftlichen Kämpfer für die neue Sache. Es wird aber verhindern, dass Sie Ihre Überzeugungskraft unbewusst selbst boykottieren.

Akzeptanz ist die zwingende Voraussetzung dafür, vielleicht doch für die bislang ungeliebte Sache eintreten zu können. Der

»Trick« besteht darin, nicht mehr ständig an das zu denken, was einem daran nicht passt, sondern seine Aufmerksamkeit und seine Gedanken auf das zu richten, was an dieser ungeliebten Sache gut ist, bzw. darauf, sie bestmöglich umzusetzen.

Das Vertretbare im Schlechten finden

Hand aufs Herz: Welche Sache oder welches Ziel ist nur gut oder ausschließlich schlecht? Also machen Sie sich am besten so intensiv wie möglich bewusst, was das Gute am fremden Anliegen ist.

Gute Gründe für das ungeliebte Anliegen anderer finden
1   Schreiben Sie alle Vorbehalte auf, die Sie gegen das haben, was Sie vertreten sollen. Der psychische Effekt dahinter: Sie haben damit alles, was Sie ärgert, schwarz auf weiß festgehalten. Damit können Sie es getrost beiseite packen und sich öffnen für den Schritt Nr. 2.
2   Überlegen Sie, was es *neben* dem Negativen auch an Positivem an der Sache gibt, die Sie vertreten sollen. Lassen Sie sich dabei von folgenden Fragen inspirieren: Welchen Vorteil hat es, wenn ich die fremde Sache ohne Groll und inneren Widerstand vertrete? Was nützt diese Sache z. B. meiner Firma oder meiner Organisation? Welche Vorteile bringt sie z. B. meinen Mitarbeitern oder meinen Kollegen? Was nützt sie mir?
3   Fragen Sie sich auch: Was passiert, wenn ich die fremde Sache nicht vertrete?

Probieren Sie es aus. Sie werden erstaunt sein, wie viel leichter es Ihnen nach diesem Brainstorming fallen wird, eine bislang negative Sache glaubwürdig zu vertreten.

Um Missverständnissen vorzubeugen: Es geht hier nicht darum, die eigene Meinung aufzugeben oder gar eigene Werte zu verraten. Es kommt lediglich darauf an, Wege zu finden, auch mal etwas zu vertreten, was nicht hundertprozentig der eigenen Sache entspricht. Wo aber ein Kampf um eine für Sie wichtige Angelegenheit noch Aussicht auf Erfolg hat, kämpfen Sie ihn. Und wo Ihre Werte verletzt werden, Ihre Überzeugungen, verteidigen Sie sie. Genau darum geht es ja in diesem Buch.

Legales Doping für Ihren Auftritt

Auch wer hervorragend vorbereitet ist, wünscht sich manchmal ein paar leistungssteigernde Mittel, um optimal dazustehen, wenn es darauf ankommt. Ich will Ihnen hier ein paar solcher Mittel vorstellen. Sie haben sich alle sehr bewährt, sind dabei absolut legal und ohne unerwünschte Nebenwirkungen.

Es handelt sich um »Gut-drauf-komm«-Techniken, die die Macht unserer Gedanken und die Wechselwirkung zwischen Körper und Psyche nutzen. Damit können Sie legales »Auftritts-Doping« betreiben.

Ruhe und Kraft aufbauen mittels Erinnerungen

Kennen Sie das? Sie erinnern sich an eine wunderschöne Situation aus dem Urlaub und unwillkürlich fühlen Sie die Sonne auf Ihrer Haut, den milden Wind, hören ein schönes Lied, schmecken einen leckeren Wein auf Ihrer Zunge ... All das zaubert Ihnen ein Lächeln auf die Lippen und verschafft Ihnen ein wohliges Gefühl – und das, obwohl Sie vielleicht gerade vor Ihrem Computer sitzen und noch vor einem Augenblick über einer Excel-Tabelle gebrütet haben.

In solchen Momenten reicht die bloße Vorstellungskraft aus, um uns in eine andere Stimmungslage zu versetzen. Diese Fähigkeit können Sie auch ganz bewusst nutzen.

Mit positiven Erinnerungen Ruhe und Kraft aufbauen
1   Erinnern Sie sich an eine Situation, in der Sie sich unglaublich wohl und entspannt gefühlt haben, in der Sie das Gefühl hatten: »Alles ist gut«. Falls möglich, schließen Sie die Augen, um sich noch besser zu konzentrieren.
2   Malen Sie sich nun vor Ihrem inneren Auge die Situation möglichst sinnlich und bildhaft aus: • Was sehen Sie? Was hören Sie?   • Was riechen und schmecken Sie?   • Was können Sie spüren oder tasten?   Je sinnlicher Sie die Situation erinnern, desto intensiver wird sich Ihr gutes Gefühl in Ihnen ausbreiten.
3   Überlassen Sie sich diesem positiven Gefühl. Fühlen Sie die Ruhe, die Sie zunehmend durchströmt. Spüren Sie die Kraft, die damit einhergeht.

Mit positiven Erinnerungen Ruhe und Kraft aufbauen	
4	Kehren Sie ins Hier und Jetzt zurück und halten Sie die Ruhe und Kraft fest, die sich in Ihnen aufgebaut hat.
5	Gehen Sie mit dieser Ruhe und Kraft und dem Alles-ist-gut-Gefühl in das bevorstehende Gespräch, die Präsentation oder eine andere Situation, in der es auf Ihren souveränen Auftritt ankommt.

Je öfter Sie diese Technik anwenden, desto einfacher und schneller wird sich ihre Wirkung einstellen. Ein kurzes intensives Denken an die Situation und die damit verbundenen Gefühle löst dann bereits den gewünschten Effekt aus.

Mehr Souveränität durch Power-Erinnerungen

Mit derselben Erinnerungstechnik können Sie anstelle von Ruhe und Kraft auch Souveränität und Selbstbewusstsein aufbauen. In diesem Fall erinnern Sie sich an eine Situation, in der Sie sich so richtig stark, souverän und selbstsicher gefühlt haben. An einen Moment, in dem andere und auch Sie selbst sich auf die Schulter klopften, an eine Situation, in der Sie sich rundherum prächtig fühlten. Das kann ein Gespräch, ein Vortrag oder eine Präsentation sein, die richtig super gelaufen ist. Es kann aber auch genauso gut eine Situation sein, die mit derlei gar nichts zu tun hat. Aus Coachings weiß ich, dass sogar passende Kindheitserinnerungen den Stärkungseffekt auslösen können.

Was ist Ihre Power-Erinnerung? Probieren Sie aus, was bei Ihnen am besten wirkt.

Die Wechselwirkung von Körper und Psyche nutzen

Bislang ging es darum, wie unsere Empfindungen und Gedanken sich in unserer Körpersprache und unserer Sprechweise zeigen. Diese Wirkung ist keine Einbahnstraße: Interessanterweise wirkt sich unser äußeres Verhalten auch umgekehrt auf unsere Empfindungen aus.

Das bedeutet: Einerseits können wir durch bestimmte Mentaltechniken eine starke innere Haltung ausbilden, die sich positiv in unserem Auftritt zeigt. Andererseits können wir in starke Körperhaltungen gehen und auf diese Weise unsere innere Haltung ins Positive verändern. Der Körper meldet in solchen Momenten an den Geist: »Ich stehe sicher, souverän und kraftvoll«. Der Geist beschließt daraufhin: »Okay, dann mache ich mit und fühle auch so«. Das klingt unwahrscheinlich, funktioniert aber. Machen Sie die Probe aufs Exempel:

- Laufen Sie umher, lassen Sie Kopf und Schultern sinken und gleichzeitig die Mundwinkel fallen. Fangen Sie an zu schlurfen, lassen Sie die Arme hängen, schauen Sie mit trübem, verhangenem Blick. Wie fühlen Sie sich?

- Und jetzt gehen Sie hoch erhobenen Hauptes umher. Straffen Sie die Schultern, drücken Sie die Brust nach vorne und halten Sie den Kopf gerade. Ziehen Sie Ihre Mundwinkel nach oben. Schauen Sie fest, atmen Sie kräftig, schreiten Sie kraftvoll und breiten Sie zusätzlich Ihre Arme ganz weit aus. Wie fühlen Sie sich jetzt? Garantiert besser!

In beiden Fällen sind Sie nur Vorschlägen gefolgt, die Ihre Körperhaltung verändert haben. Trotzdem hat sich dadurch auch Ihr Gefühl verändert. Dieses Phänomen ist wissenschaftlich recht gut erforscht und trägt den Namen Embodiment.

Nutzen Sie die Möglichkeit, Ihr Fühlen zu beeinflussen, indem Sie körperlich so lange so tun, also ob Sie gut drauf, entspannt souverän, dynamisch oder was auch immer wären, bis Sie es *tatsächlich* sind.

Auf einen Blick: Überzeugungsarbeit beginnt bei Ihnen selbst

- Je mehr jemand für seine Sache brennt und je mehr er sich traut, dies emotional zu zeigen, desto mehr bewegt und begeistert er andere.

- Jeder Mensch trägt Gedanken und Glaubenssätze in sich, die ihn ängstlich und unsicher machen können. Es sind erlernte Annahmen, die wieder entlernt werden können.

- Nur wer seine Ziele stark und kraftvoll formuliert, wird auch stark und kraftvoll auftreten.

- In der Regel ist eine Sache nicht nur gut oder nur schlecht. Wenn man die guten Anteile darin aufspürt, kann man sie auch glaubwürdig vertreten.

- Es gibt Gut-drauf-komm-Techniken, die auf der Wechselwirkung zwischen Psyche und Körper basieren. Damit kann man an Souveränität und positiver Ausstrahlung gewinnen.

Mit souveränem Auftritt überzeugen

Ob uns jemand überzeugt, ob wir ihn sympa-thisch und kompetent finden und ihm vertrauen, hängt nicht so sehr damit zusammen, was er sagt, sondern vielmehr damit, wie er es sagt.

In diesem Kapitel erfahren Sie u. a.,

- was sich mit einer souveränen Körperhaltung erreichen lässt,
- mit welchen Gesten Sie Vertrauen schaffen,
- wie Sie durch Ihre Sprechweise Menschen erreichen und bewegen.

Beeindrucken Sie durch Ihre Haltung

Es ist sicher kein Zufall, dass mit dem Wort Haltung sowohl die innere als auch die äußere Haltung eines Menschen bezeichnet wird. Denn die Erfahrung zeigt: Was wir im Inneren denken und fühlen, offenbart sich in der Art, wie wir auftreten und sprechen. Dabei lässt sich ein Grundmuster erkennen:

1. Sobald wir uns ängstlich, unsicher und schwach fühlen, haben wir die Tendenz, uns klein zu machen: Die Stimme wird leise, die Füße drehen sich nach innen, wir halten die Arme am Leib, suchen Halt in unseren Haaren, der Kleidung oder indem wir die Hände zusammendrücken.

2. Wenn wir uns mächtig fühlen oder angriffslustig sind, dann neigen wir dazu, uns übergroß und unübersehbar zu machen: Der Kopf wird hochgereckt, der Brustkorb bläht sich auf, die Gesten werden übertrieben, der Stand ist breitbeinig, der Tonfall laut und hart.

3. Wenn wir uns sicher und souverän fühlen, agieren wir körpersprachlich in der Mitte der beiden erstgenannten Extreme: Wir stehen stabil und bewegen uns gelassen, Oberkörper und Kopf sind gerade und aufrecht, unsere Hände und Arme lösen sich vom Körper und gestikulieren ruhig und sicher oberhalb der Gürtellinie. Wir artikulieren klar, lebendig und in moderater Lautstärke.

Je nachdem, was wir zeigen, werden wir als schwach und unsicher, souverän und kompetent oder als aufgeplustert bzw. aggressiv wahrgenommen.

Die überzeugendste innere und äußere Haltung

Die größte Ausstrahlungs- und Überzeugungskraft hat eine Haltung, die entspannte, natürliche, lockere Souveränität ausstrahlt. In ihr verbinden sich die positivsten Grundsignale, die wir im täglichen Mitmenschen-Casting checken: Freundlichkeit und Stärke. Beides erzeugt Vertrauen. Freundlichkeit löst in uns das Gefühl aus, dass der andere es gut mit uns meint und dass er uns mag. Stärke gibt uns die Sicherheit, dass unser Gegenüber Ahnung hat und weiß, wo es langgeht, wir ihm also vertrauen und folgen können. Diese entspannte Souveränität äußert sich in allen Dimensionen des Körperausdrucks, des Sprechens und des Verhaltens:

- Haltung im Gehen, Stehen, Sitzen,

- Mimik und Blick,

- Gestik,

- Sprechweise,

- Bewegung und Position,

- Verhalten im Umgang mit Zeit und Raum.

Der letztgenannte Aspekt meint: Wer sich innerlich stark, sicher und souverän fühlt, nimmt stets den Raum ein, der ihm gebührt. Er macht sich nicht größer und nicht kleiner. Und er geht entspannt mit Zeit um. Er füllt sie angemessen aus und agiert und spricht weder mühsam-schleppend noch atemlos-gehetzt.

Wer überzeugen will, muss das Status-Spiel beherrschen

Wenn zwei Menschen sich begegnen, tarieren sie stets aus, wer sich von ihnen im sog. Hochstatus bzw. im Tiefstatus befindet oder ob zwischen ihnen Gleichstatus besteht. Das vollzieht sich blitzschnell über das Verhalten und Sprechen und läuft in der Regel unbewusst ab. Inspiriert von Beschreibungen des Verhaltensforschers Desmond Morris war es der Schauspiel- und Improvisationslehrer Keith Johnstone, der diese unbewusst ablaufenden Verhaltensmuster als Erster eingehend beobachtet und dann in seinem Buch »Theater und Improvisation« beschrieben hat. Charakteristisch an seinem berühmt gewordenen Statuskonzept ist: Es geht darin nicht um einen absoluten Status, den ein Menschen z. B. aufgrund von Hierarchie oder ökonomischer Macht einnimmt. Es geht vielmehr um einen Status, der sich aufgrund des Verhaltens eines Menschen bei jeder Begegnung verändern kann.

Diese Flexibilität ist entscheidend, wenn es um überzeugende Souveränität geht. Souverän auftretende Menschen nehmen stets den Status ein, der für ihr Anliegen zielführend ist. Dabei wechseln sie manchmal sogar mitten im Gespräch ihren Status. Das, was in solchen Momenten zwischen Menschen passiert, beschreibt Johnstone als Status-Wippe: Der eine setzt den anderen in Hochstatus und sich selbst damit automatisch in einen tieferen Status oder umgekehrt. Passend zum Bild der Wippe spricht er auch vom Status-Spiel.

BEISPIEL

> Der souveräne Verkäufer lässt seinem Kunden mehr Raum und Sprech-
> zeit als sich selbst, macht ihm ehrliche Komplimente und setzt ihn
> so in Hochstatus. Sobald das Verkaufsgespräch aber von der Bedarfs-
> klärung in die Beratung wechselt, wechselt der Verkäufer aus dem
> tieferen in den höheren Status: Er richtet sich mehr auf, macht etwas
> größere Gesten, spricht knackig auf den Punkt. Der Tiefstatus im ersten
> Teil des Gespräches macht den Verkäufer sympathisch, der Hochstatus
> im zweiten Teil lässt ihn kompetent erscheinen. Beides zusammen
> macht ihn nachhaltig überzeugend.

Menschen, die eine solche Status-Flexibilität nicht besitzen,
haben es schwerer zu überzeugen: Der Chef, der immer nur
im Hochstatus auftritt und seinen Mitarbeitern nie einen hö-
heren Status zubilligt – z.B., weil sie in Fachfragen mehr Ahnung haben als er – wird weniger Unterstützung erhalten als die
Führungskraft, die sich auch mal in einen tieferen Status setzt
als ihre Mitarbeiter. Und umgekehrt: Mitarbeiter, die stets im
Hochstatus auftreten, werden bei ihren Kollegen und Chefs auf
Widerstand stoßen und mit ihren Ideen häufiger abblitzen als
diejenigen, die ihr Status-Verhalten flexibel anpassen.

So können Sie Ihre Status-Flexibilität erhöhen:

1. Schulen Sie Ihre Wahrnehmung in Sachen Status-Spiel. Beobachten Sie, wo es stattfindet und wer es auf welche Weise
   spielt.

2. Prüfen Sie, wie Ihr eigenes Statusverhalten ist. Passen Sie
   Ihren Status an die jeweilige Situation an oder sind Sie fast
   immer nur in einem Status? Wann ist das zielführend? Wann
   nicht?

3. Üben Sie das Status-Spiel immer mal wieder bewusst. Setzen Sie z. B. andere in den Hoch- und sich selbst in den Tiefstatus.

Das wird Ihnen umso leichter fallen, je stärker Ihre eigene Grundhaltung ist.

Die eigene starke Grundhaltung finden

Alles, was wir gelernt und erfahren haben, verdichtet sich in uns zu einer inneren Grundhaltung. Sie bestimmt, wie wir die Welt wahrnehmen und wie wir uns in ihr fühlen. Und genau diese Grundhaltung formt auch unsere äußere Haltung.

BEISPIEL

Es gibt Menschen, die im Lauf ihres Lebens so viele Rückschläge, Zurückweisungen und Misserfolge erfahren haben, dass sie dies bereits in ihrer geduckten, »Schläge erwartenden« Körperhaltung zeigen. Und umgekehrt gibt es Menschen, die zu einem solchen Selbstbewusstsein erzogen wurden, dass sie die Nase sprichwörtlich über allen anderen tragen. Die meisten von uns liegen irgendwo zwischen diesen beiden Extremen.

Wie ist Ihre Grundhaltung? Am besten, Sie prüfen sie einmal von außen. Stellen Sie sich dazu in Ihrer normalen Haltung vor den Spiegel. Alternativ können Sie sich auch von allen Seiten fotografieren oder filmen lassen: Was nehmen Sie wahr? Ist es das, was Sie über Ihre Körperhaltung ausstrahlen wollen? Kommt damit all die Souveränität und Selbstsicherheit rüber, die Sie vermitteln möchten? Falls ja, ist alles gut. Falls nicht, probieren Sie mal den folgenden Trick.

Der Medaillen-Trick

1. Stellen Sie sich vor, Sie trügen auf der Brust eine große, wunderschöne Medaille, auf die Sie stolz sind. Tragen Sie sie ganz selbstverständlich, ganz ohne zu prahlen, einfach so, dass alle sie jederzeit sehen können.
2. Recken Sie Ihre Brust nicht übertrieben vor und verstecken Sie die Medaille nicht durch vorgebeugte Schultern.
3. Lassen Sie die Medaille immer sichtbar sein. Sitzen Sie mit ihr, stehen Sie mit ihr und gehen Sie mit ihr.

Sie werden sich auf diese Weise automatisch aufrichten, souveräner wirken und sich schließlich auch genauso fühlen.

Alles eine Frage der Akzeptanz und Übung

Eine neue Haltung einzunehmen, ist anfangs gar nicht so leicht. Es kann gut sein, dass Sie sich in den ersten Momenten noch etwas unsicher und unwohl fühlen. Das ist völlig normal. Es wird genauso sein wie damals, als Sie Radfahren oder Tanzen lernten. Zunächst waren Sie noch etwas unsicher und wackelig, aber bald schon wurden alle Bewegungen vertraut. Sie gehören seitdem ganz natürlich zu Ihnen. Bleiben Sie also dran!

Angenommen, Sie fragen jemand Vertrautes, wie Ihre neue Haltung wirkt. Dann kann es passieren, dass Sie die Antwort bekommen: »Nein, das geht nicht. Das bist nicht du.« Lassen Sie sich davon nicht irritieren. Das sind sehr wohl Sie! Nur hat der andere diese Seite von Ihnen bis dahin noch nicht gesehen. Das sollte Sie nicht davon abhalten, diese stärkere Seite von sich vermehrt zu zeigen. Andere werden sich schon daran gewöhnen.

Power-Vision: mit Gedankenkraft zur starken Haltung

Die Power-Vision ähnelt den Power-Erinnerungen aus dem Kapitel »Legales Doping für Ihren Auftritt«. Nur, dass Sie hier keine Gut-drauf-Situation erinnern, sondern sich künftige Situationen ausmalen, in denen Sie körpersprachlich überzeugend agieren und sprechen. Diese Form der mentalen Vorbereitung wird sehr erfolgreich von Sportlern, Schauspielern und vielen weiteren Menschen, die öffentlich auftreten, praktiziert.

Durch Power-Vision zur Power-Ausstrahlung	
1	Stellen Sie sich die Situation vor, in der Sie eine gute Figur abgeben wollen: Wie wird der Ort sein? Wie groß ist er? Was befindet sich alles dort? Welche Personen sind da? Wo sind sie? Wie sind sie?
2	Überlegen Sie: Wie müssten Sie körpersprachlich agieren, was müssten Sie sagen, um in dieser Situation gut und überzeugend anzukommen?
3	Welche hilfreichen, motivierenden, stärkenden Gedanken können Sie über die Situation und die Personen denken?
4	Nun stellen Sie sich selbst in dieser Situation vor. Und zwar so, dass Sie die stärkenden Gedanken tatsächlich denken und Sie sich gleichzeitig passend dazu verhalten: Wie fühlen, bewegen und verhalten Sie sich? Entspannt- freudig ... locker-souverän ... offen-kontaktfreudig ... ernst-konzentriert ... selbstbewusst-stark ...?
5	Inszenieren Sie sich gedanklich in dieser Situation wie in einem Film: Erleben Sie sich mit allen Sinnen. Spüren Sie Ihre Haltung, Ihre Bewegungen. Hören Sie Ihre Worte, Ihren Tonfall. Fühlen Sie Ihre Stimmung.

Durch Power-Vision zur Power-Ausstrahlung	
6	Gehen Sie zwischendurch real immer wieder in Ihre optimalen Haltungen und Bewegungen und verinnerlichen Sie das dabei entstehende Körpergefühl und die daraus resultierende Stimmung.
7	Stellen Sie sich intensiv die gewünschten Reaktionen der Menschen in dieser Situation vor: wie sie von Ihnen und Ihrem Auftritt beeindruckt sind; wie sie Ihnen zugeneigt sind und wie sie sich von Ihnen überzeugen lassen – genießen Sie diese Gefühle!

Je öfter Sie die Übung wiederholen, desto leichter fällt Sie Ihnen und desto einfacher werden Sie das gewünschte Verhalten in der Realität abrufen können. Hinzu kommt: Durch Ihre Power-Vision sind Sie auf ein positives Ergebnis fokussiert. Das lässt Sie sich noch sicherer fühlen und dementsprechend auch noch sicherer auftreten. Es handelt sich dabei um die positive Form der Self Fulfilling Prophecy, der sich selbst erfüllenden Prophezeiung.

Zeigen Sie mit Blicken Freundlichkeit und Stärke

Wurden Sie je von einem Menschen überzeugt, der Sie nicht ansieht beim Reden? Oder würden Sie Vertrauen fassen zu jemandem, der Sie mit zusammengekniffenen Augen und bösem Blick anstarrt? Natürlich nicht! Ein Mensch öffnet sich für einen anderen in der Regel nur dann, wenn er das Gefühl hat, dass dieser ihn wahrnimmt, wertschätzt und sich (zuerst) für ihn öffnet. Ob das so ist, checken wir blitzschnell ab, meist unbewusst. Dabei sind der Blick und die Mimik die entscheidenden Komponenten. Was können und sollten Sie also mit Ihrem Blick und Ihrer Mimik ausdrücken, um Menschen zu begeistern und zu überzeugen? Sicherlich kennen Sie die notwendigen Zutaten dafür schon:

- ein echtes Lächeln, das Mund und Augen umfasst,
- ein offener, fester und interessierter Blick in die Augen des anderen,
- eine flexible, der Situation angepasste lebendige Mimik.

All das fällt ganz leicht, wenn man gerade offen und gut gelaunt ist und sich auch noch recht selbstsicher fühlt. Leider ist das nicht immer der Fall. Vielleicht fragen Sie sich: Wie soll ich Selbstsicherheit in einem Meeting oder einem Gruppengespräch ausstrahlen, wenn ich mir nicht sicher bin, dass meine Beiträge wohlwollend aufgenommen werden? Wie soll ich selbstsicher auftreten und mein Publikum anlächeln, wenn ich die Sorge habe, kritisch geprüft und vielleicht abgelehnt zu werden? All das gelingt, wenn Sie auch hier die Wechselwirkung von Körperbewusstsein und inneren Vorstellungen nutzen.

Freundlichkeit und Vertrauenswürdigkeit in den Blick bringen

Wenn Sie in ein Gespräch gehen, in dem es Ihnen wichtig ist, dass ein anderer Mensch sich für Sie, Ihre Ideen, Ihre Angebote oder Ihre Argumente öffnet, dann freuen Sie sich auf ihn und die Begegnung mit ihm. Das ist (fast) genauso einfach, wie es klingt.

BEISPIEL

Wenn ein Verkäufer ins nächste Kundengespräch geht, dann kann er denken: »Diesem Kunden muss ich jetzt unbedingt etwas verkaufen. Aber bestimmt blockt der erst einmal ab.« Oder er kann denken: »Ich freue mich auf den Kunden. Ich bin gespannt, ihn kennenzulernen und zu hören, was ihm wichtig ist und was er braucht.« Für beide Einstellungen gibt es gute Gründe. Erfolgreiche Vertriebler wählen jedoch die zweite. Kunden erkennen nämlich das echte Interesse an ihrer Person an den Blicken und der Mimik der Verkäufer, weshalb sie sich schneller und leichter öffnen und ihnen (zu Recht!) vertrauen.

Machen Sie es wie die erfolgreichen Verkäuferinnen und Verkäufer. Finden Sie die Gründe, die Sie authentisch in die hilfreichsten Stimmungen und Einstellungen gegenüber Ihrem Gesprächspartner versetzen. Verbinden Sie zusätzlich Ihre Gedanken mit Ihrer Mimik.

So folgt Ihre Mimik Ihren positiven Gedanken

Stellen Sie sich vor, ein Kind läuft lachend und freudestrahlend mit offenen Armen auf Sie zu. Sie lassen sich von dieser Freude anstecken: Ihre Augen strahlen. Ihr Blick ist offen. Ihr Mund lacht. Sie stehen innerlich und äußerlich mit offenen Armen da. Lassen Sie dieses Gefühl in sich ausbreiten, real in Ihren Blick und Ihre Mimik fließen – und gehen Sie damit in die Begegnung mit den Menschen, deren Vertrauen Sie gewinnen wollen.

Stärke und Entschlossenheit in den Blick bringen

Nicht in jeder Gesprächssituation sind Freundlichkeit und Offenheit die besten Mittel, um andere zu überzeugen. So vor allem dann nicht, wenn Sie sich gegen unfaire Angriffe wehren oder das Verhalten eines anderen ändern wollen, das Sie sehr stört. Hier ist es hilfreicher, Stärke und Entschlossenheit zu zeigen. Um beides in Ihren Blick zu bringen, können Sie den gleichen Weg gehen wie im Kapitel zuvor beschrieben. Aber aufgepasst: Es geht nicht darum, einfach das Gegenteil zu tun und sich in eine aggressive Stimmung zu bringen. Das führt nur zu Angriffen, die wiederum Gegenangriffe provozieren. Wirkungsvoller ist es, wenn Sie Ihre innere Aufmerksamkeit auf das Ziel des Gespräches richten. Nehmen Sie es im wahrsten Sinne des Wortes innerlich fest in den Blick. Das lässt Sie äußerlich stark und entschlossen wirken. Ihr Gegenüber wird merken, dass es Ihnen um Ihre legitimen Ziele und Interessen geht und nicht darum, ihn als Person anzugreifen. Das erhöht Ihre Erfolgsaussichten.

Wirkungsvolle Blicke in Gesprächsrunden und vor großem Publikum

Jeder Mensch möchte sich individuell wahrgenommen und angesprochen fühlen, auch wenn er in einer Gruppe oder einem großen Publikum sitzt. Das können Sie mit ein paar Blicktechniken bieten.

Das Weitwinkel-Sehen

Bei dieser Technik »entfokussieren« Sie und nehmen damit auch die Menschen wahr, die am äußersten Rand Ihres Sehfeldes stehen oder sitzen. Sie lässt sich einfach trainieren: Schauen Sie nach vorne, heben Sie Ihre Arme vor Ihrer Brust in die Waagrechte auf Schulterhöhe, legen Sie Ihre Zeigefinger aneinander und fokussieren Sie sie. Als Nächstes bewegen Sie die Finger langsam immer weiter auseinander. Dabei halten Sie trotzdem beide gleichzeitig im Blick. Ihre Augen stellen dabei automatisch auf das Weitwinkel-Sehen um.

Das Fokus-Sehen

Mit dem Weitwinkel-Sehen geben Sie all Ihren Zuhörern das Gefühl, irgendwie im Blick zu sein. Mit dem Fokus-Sehen geben Sie ihnen das Gefühl, ganz individuell angesprochen zu werden. Diese Technik funktioniert so: Sie lassen während des Redens Ihren Blick immer wieder ruhig hin und her wandern und schauen jeden Einzelnen dabei kurz an. Nicht flüchtig, sondern so, dass Sie beide für einen kurzen Augenblick den Kontakt spüren. Der Effekt: Ihre Zuhörer fühlen, dass sie persönlich gemeint sind und öffnen sich spürbar für Sie und Ihre Aussagen.

Das Taschenlampen-Sehen

Je größer das Publikum, desto schwieriger ist es, jedem Einzelnen in die Augen zu schauen. Hier hilft das Taschenlampen-Sehen. Stellen Sie sich vor, Sie würden mit Ihren Augen Licht ausstrahlen ähnlich wie eine Taschenlampe. Diesen Lichtstrahl lassen Sie über die Gesichter in Ihrem Publikum wandern. Ihre

Zuhörer haben so das Gefühl, individuell angesehen zu werden – genauso wie man das Gefühl hat, persönlich gesichtet zu werden, wenn ein Scheinwerfer mit seinem Licht durch das Publikum streift und man kurz von dessen Lichtkegel getroffen wird.

Schaffen Sie mit Gesten Vertrauen und Verständnis

Unsere Gestik hat mit die stärkste Motivations- und Überzeugungskraft auf andere. Denken Sie einfach mal an Fußballtrainer am Spielfeldrand. Was tun diese, wenn sie ihre Mannschaft anfeuern und nach vorne treiben wollen? Dezent mit der Hand wedeln? Nein. Sie setzen die ganzen Arme ein, reißen sie von unten nach oben oder schleudern sie kraftvoll nach vorne.

Klar geht es im Alltag nicht darum, so ausladend zu gestikulieren wie diese emotionalen Fußballtrainer. Das Beispiel macht aber deutlich, in welche Richtung man gehen muss, wenn man andere Menschen überzeugen und motivieren will: Sie müssen sich trauen, Ihre Hände und Arme einzusetzen. Zum einen ist das nötig, weil Sie damit Emotionen auslösen, die andere mitreißen und bewegen. Zum anderen, weil Sie damit den Sinn und die Bedeutung Ihrer Aussagen klarer machen: Wer gestikuliert, illustriert, wie etwas aussieht, ob etwas groß oder klein ist, wo sich etwas im Raum befindet, ob etwas leicht oder schwer ist usw. Untersuchungen bestätigen immer wieder: Informationen, die man mit gestischer Unterstützung vermittelt, werden leichter verstanden und bleiben besser in Erinnerung.

Noch etwas machen Gesten deutlich. Sie zeigen an, was wichtig ist. Die erhobene Hand signalisiert: »Aufgepasst, jetzt kommt etwas Wichtiges.« Die Hand, die zu einem Begriff von oben nach unten fällt, signalisiert: »Auf dieses Wort kommt es an.« Es wird nicht nur durch die Stimme, sondern auch durch die Geste betont.

> Gesten erleichtern es anderen ungemein, das Gesagte wirklich zu verstehen. Reden ohne Gesten ist somit wie Sprechen, ohne den Mund richtig zu öffnen.

Wer immer mal wieder das Gefühl hat, nicht so verstanden zu werden, wie er sich das wünscht, sollte überprüfen, ob er vielleicht sehr zurückhaltend gestikuliert.

Souveräne, freundlich-offene Gesten

Unsere Gesten haben eine unmittelbare Wirkung darauf, wie sympathisch oder unsympathisch uns andere Menschen finden. Und davon wiederum hängt ab, wie gut wir sie für unsere Sache begeistern und gewinnen können.

Die Kommunikationsexperten Allan und Barbara Pease führten zur Wirkung von Gesten ein interessantes Experiment durch. Sie arbeiteten dabei mit acht Personen, die vor unterschiedlichem Publikum eine Reihe von inhaltlich gleichen 10-minütigen Vorträgen hielten. Die Vortragenden verwendeten das eine Mal überwiegend Gesten mit der Handfläche nach oben, dann überwiegend mit der Handfläche nach unten und dann Gesten mit ausgestrecktem Zeigefinger. Für die Vorträge mit der Handfläche nach oben erhielten die Referenten 84 % positive Bewertungen, für solche mit der Handfläche nach unten 52 % und diejenigen mit dem Zeigefinger nur noch 28 %. Bei der Zeigefinger-Variante verließen sogar einige Zuhörer den Raum. Das Ergebnis des Experiments ist leicht nachvollziehbar:

- Nach oben gerichtete sichtbare Handflächen signalisieren Offenheit. Sie stehen auch für die Symbolik des Überreichens und Schenkens. Und sie entsprechen der Bewegung, wenn wir jemanden heben und stützen. Auf Menschen, die solche Signale aussenden, lassen wir uns gerne ein.

- Anders ist es bei den Handflächen, die nach unten gerichtet sind. Da haben wir entweder das Gefühl, jemand stellt sich über uns oder er drückt uns herunter. Das mögen wir nicht. Dagegen wehren wir uns. Oder die Geste signalisiert Beruhigung: »Alles im Griff. Sie brauchen sich keine Sorgen zu machen.« Das wiederum mögen wir. Die zwei Wirkungen der Handfläche-nach-unten-Geste drücken sich passenderweise in der halb zustimmenden, halb ablehnenden Bewertung aus.

- Den Zeigefinger, der wie eine spitze Waffe oder eine schießende Pistole auf uns gerichtet ist, empfinden wir nicht nur als Unterdrückung, sondern fast schon als tätlichen Angriff.

Kein Wunder also, dass diese Geste im Experiment einige Probanden sogar dazu veranlasste, aus dem Saal zu gehen.

Verwenden Sie also möglichst offene Gesten, wenn Sie Vertrauen, Sympathie und Motivation bei anderen auslösen wollen. Wenn Ihnen dies nicht gelingt, fragen Sie sich am besten: Welche innere Haltung verhindert dies gerade? Welche Gedanken über die Situation und die Menschen würden mich innerlich so öffnen, dass ich dies auch in meiner Gestik zeige?

Souveräne, starke Gesten

Einen unsicheren Menschen erkennen wir an folgender Gestik: Seine Hände und Arme liegen am Körper an oder sie sind angespannt verkrampft. Sie sind verborgen in den Hosentaschen, nesteln oder zupfen an Gegenständen oder Ärmeln oder fahren hektisch durch die Luft. Weil vor allem Letzteres schwach wirkt, wurde vielen Menschen beigebracht: »Fuchtele beim Reden nicht so herum.« Dieser Rat hat leider fatale Folgen. Viele verstehen ihn so, dass sie gar keine Gesten einsetzen sollen. Aber darum geht es gar nicht. Die Alternative zum Herumfuchteln ist nicht, ganz auf Gesten zu verzichten, sondern sie sicher, klar und bestimmt auszuführen:

- Arme und Hände lösen sich vom Körper.

- Die Bewegung ist klar und kontrolliert.

- Die Hände betonen und beschreiben etwas.

- Dabei haben sie einen eindeutigen Anfangs- und einen eindeutigen Endpunkt.

- Sie werden am Ende einen Augenblick gehalten.

> Das Geheimnis starker Gesten besteht darin, dass die Hände nicht unbestimmt durch die Luft huschen, sondern einen erkennbaren Anfangs- und Endpunkt haben und dort auch einen Moment stehen bleiben.

Die eigene Gestik entwickeln

Die Gestik eines Menschen gehört zu seiner Persönlichkeit. Deshalb wirken antrainierte Gesten unnatürlich und hölzern. Das bedeutet aber nicht, dass die Gestik eines Menschen unveränderlich ist. Wir verändern sie im Laufe unseres Lebens. Kinder und Jugendliche gestikulieren anders als Erwachsene und alte Menschen. Das hat mit der inneren Befindlichkeit und der jeweiligen (Selbst-)Sicherheit zu tun, aber auch mit der jeweiligen körperlichen Verfassung.

Entscheidend ist: Wir haben alle unsere Gesten. Und wir haben alle den natürlichen Drang sie einzusetzen. Deshalb zeigen wir auch umso mehr davon, je sicherer und freier wir uns fühlen. Gesten müssen daher nicht erlernt, sondern nur zugelassen werden. Wenn Sie also Ihre persönliche Gestik entwickeln wollen, geht es gar nicht darum, sich neue Gesten anzugewöhnen, sondern Ihr vorhandenes Repertoire zu befreien, sich also zu trauen, die Gesten zuzulassen und zu zeigen.

Tipps, um die eigene Gestik zu entwickeln
1	Fangen Sie an, das, was Sie erzählen, bewusst mit den Händen zu illustrieren: Beschreiben Sie damit Formen, Bewegungen, Richtungen etc.
2	Achten Sie darauf, welche kleinen Gesten Sie unwillkürlich machen. Damit meine ich kleine, vielleicht ganz unscheinbare Gesten, die Ihnen »herausrutschen«. Lassen Sie diese Gesten zu und führen Sie sie von Mal zu Mal etwas pointierter aus.
3	Laufen Sie, wenn Sie alleine sind, mal eine Zeit lang mit weit ausgebreiteten Armen umher.

Möglicherweise fühlen Sie sich zunächst recht albern, wenn sich Ihre Hände und Arme immer mehr vom Körper lösen. Ich garantiere Ihnen aber: Sie werden sich nach kürzester Zeit angenehm frei fühlen.

Nehmen Sie zielführende Positionen ein

Nicht nur unsere Körperhaltung hat Einfluss darauf, wie andere uns wahrnehmen, sondern auch, wie und wo wir uns im Raum bewegen und welche Positionen wir dabei zu anderen Menschen einnehmen.

Allein an der Weise, wer wo wie zu wem steht, erkennen wir das »Ranking« in einer Gruppe. Die Nummer 1 dieser Rangfolge befindet sich an einem Platz, den wir irgendwie mit »vorne in der Mitte« assoziieren. Außerdem nimmt sie den größten Raum ein. Darin unterscheiden wir uns wenig von anderen »Herdentieren«: Der Leithengst galoppiert zentral vorneweg und steigt hoch, um seine Führungsrolle zu markieren. Der Gorilla stellt sich auf die Hinterbeine und trommelt sich auf die Brust. Der Chef sitzt beim Meeting mittig vorne und hat in der Abteilung den Sessel mit der höchsten Lehne. Auch in einer weiteren Hinsicht sind wir wie andere Herdentiere auch: So fühlen wir uns am wohlsten, wenn wir uns unter Gleichgesinnten aufhalten und wechseln mehr oder minder gestresst in den Flucht- oder Kampfmodus, wenn wir uns inmitten Fremder bewegen.

Diese Grundmuster weisen darauf hin, was Sie in Sachen Positionierung und Verhalten tun können, ja, sogar unbedingt tun sollten, wenn Sie andere Menschen von etwas überzeugen oder zu etwas bewegen wollen: Führungspositionen einnehmen und Vertrauen durch Nähe herstellen.

Starke Position – starke Wirkung

In vielen Situationen ist es nötig, die Führung zu übernehmen, nicht nur, wenn man Chef oder Chefin ist, sondern auch als Projektleiterin, Verkäufer, Moderatorin, Redner, Interessenvertreter etc. Zum Führen gehört es, Menschen so hinter sich zu bringen, dass sie einem vertrauen und möglichst begeistert zum Ziel folgen. Das tun Menschen umso bereitwilliger, je klarer die Führungskraft ihre Führungsposition nicht nur ideell, sondern auch räumlich einnimmt.

Positionieren als Führungskraft

Geht es Ihnen in einer Gesprächsrunde um die Übernahme der Führung, sollten Sie immer den »Chefplatz« im Raum besetzen. Gefühlte 98 bis 99 % der Menschen sind sich darin einig, welcher das in welchem Raum gerade ist. Beanspruchen Sie mehr Platz als alle anderen. Breiten Sie Papiere, Stifte oder auch Getränke so vor Ihnen aus, wie sonst niemand im Raum. Und wenn es passt, dann stehen Sie zwischendurch einmal auf, um zu sprechen oder die Runde zu leiten, oder setzen Sie sich zwischendurch mal auf einen Tisch anstatt auf einen Stuhl. Ohne, dass es noch irgendwie gesagt oder erkämpft werden müsste, werden Sie mit diesen Verhaltensweisen als Führungsperson (an)erkannt. Andere werden Ihnen dann automatisch viel eher folgen.

Autorität in Gesprächen vermitteln

Es gibt Situationen, in denen man als Person Autorität ausstrahlen möchte, z.B. in einem wichtigen Meeting mit Kollegen. Dabei hilft es, den Platz einzunehmen, der Ihnen den höchstmöglichen Status gibt. Die Faustregel lautet: Je näher am Platz des Chefs, desto höher der Status. Meiden Sie die schwachen Plätze; das sind meist die mit dem Rücken zur Tür bzw. in deren Nähe. Wählen Sie möglichst nicht den Platz direkt gegenüber vom Chef oder von der Chefin. Das lässt Sie als Opposition erscheinen – es sei denn, Sie beabsichtigen genau dies.

Geschicktes Positionieren vor Publikum

Auch bei Präsentationen, Moderationen oder Vorträgen ist der beste Platz das gefühlte »Vorne in der Mitte«. Entscheidend ist, dass Sie Ihre Zuhörer möglichst gut im Blick haben und diese Sie. Ab einer gewissen Publikumsgröße ist eine Bühne nötig. Diese sollte Sie aber nicht von Ihren Zuhörern entfernen.

> Die Faustregel lautet: So statussichernd hoch wie nötig und so verbindend nah wie möglich.

Führungspersönlichkeiten werden nicht nur an ihrer Position, sondern auch an der Größe ihres Territoriums erkannt. Sorgen Sie deshalb dafür, in der Breite und der Tiefe viel Bewegungsraum zu haben. Markieren Sie diesen Raum als Ihr Territorium, indem Sie darin nicht nur wie festgewurzelt vorne mittig stehen. Schreiten Sie es nach und nach komplett ab. Sprechen Sie dabei mal von links, mal von der Mitte, mal von rechts.

Spezialtipps, um die eigenen Aussagen zu bekräftigen

- Wenn Sie den Teilnehmenden etwas ans Herz legen wollen, dann bewegen Sie sich auf sie zu.
- Wenn Sie inhaltlich einen klaren Standpunkt einnehmen, dann nehmen Sie ihn auch räumlich ein.
- Wenn Sie ein Thema ausbreiten, dann können Sie das unterstreichen, indem Sie Ihre Positionen wechseln.

Fühlen Sie sich stark

Festigen und verstärken Sie Ihre souveräne Ausstrahlung zusätzlich durch geeignete Rollenbilder: Sehen Sie sich z. B. wie ein König oder eine Königin lässig durch Ihr Reich bewegen. Nutzen Sie dafür die oben beschriebene Power-Vision-Technik.

Vertrauen durch Nähe ermöglichen

Je fremder und ferner uns jemand ist, desto weniger Vertrauen haben wir zu ihm. Wenn Sie vor einer Gruppe von Menschen sprechen und es Ihnen wichtig ist, dass diese sich für Sie öffnen und Ihnen vertrauen, dann sollten Sie bewusst Nähe herstellen. Das können Sie ganz einfach tun, indem Sie sich Ihren Zuhörern im Kleidungsstil, in der Wortwahl und vielleicht auch der Stimmungslage anpassen (siehe auch Kapitel »Mit Zuhören überzeugen«).

Außerdem können Sie Ihre räumliche Führungsposition immer mal wieder verlassen und aus Sicht Ihrer Zuhörer zu einem der ihren werden. So z. B., indem Sie sich neben sie stellen, um gemeinsam mit ihnen auf eine PowerPoint-Folie zu blicken. Ebenso ist es möglich, sich mal in die Runde zu setzen, um zu signalisieren: Jetzt reden wir auf gleicher Ebene – ich bin einer von euch.

Beeindrucken Sie durch stimmige Sprechweise

BEISPIEL

Angenommen, ein Freund würde versuchen, Sie für eine Reise an einen Ort zu begeistern, den Sie bislang nicht sehr interessant fanden. Und dieser Freund würde über diesen Ort und das, was er bietet, wie ein Nachrichtensprecher reden: neutral, unengagiert, mit monotoner Stimme, ohne Begeisterung, ohne Emotion. Könnte er Sie überzeugen? Wohl kaum.

Und angenommen, ein Kollege will Sie von einer neuen Software überzeugen und erklärt Ihnen nun begeistert deren Funktionsweise. In seiner Euphorie spricht er aber ohne Punkt und Komma und jagt dabei ohne Pause von einer Erklärung zur nächsten. Würden Sie seiner Empfehlung folgen? Ebenfalls wohl kaum.

Beide hier beschriebenen Sprechweisen verfehlen die beabsichtigte Wirkung. Im ersten Fall wirkt der Sprecher unglaubwürdig, weil er selbst nicht begeistert scheint, und im zweiten Fall bleibt das Gegenüber unverständlich, weil die Pausen fehlen, die Menschen benötigen, um das Gesagte gedanklich zu verarbeiten. Die Beispiele zeigen: Niemand lässt sich überzeugen, wenn wir das, was wir vortragen, emotionslos und unverständlich rüberbringen. Der Schluss daraus:

- Sprechen Sie beherzt, d.h. so lebendig, emotional und betont, wie es zu dem jeweiligen Thema passt, sonst wirkt es, als wäre es Ihnen egal.

- Lassen Sie Ihren Zuhörern Zeit zum Verstehen.

Wenn Sie Menschen für sich gewinnen wollen, spielt neben Emotionalität und Verständlichkeit natürlich auch eine Rolle, ob Ihre Stimme angenehm klingt und Sie sauber artikulieren. Dass eine lässt Sie sympathisch erscheinen, das andere kompetent. Insofern lohnt es sich durchaus, ein Stimm- und Sprechtraining zu absolvieren. Es kostet häufig aber viel Zeit und Energie, bis ein solches Training seine Wirkung entfaltet. Glücklicherweise gibt es einen kürzeren Weg, der Sie dahin führt, angenehm und artikuliert zu sprechen und dabei auch noch angemessen emotional und verständlich zu sein.

Ganz automatisch beeindrucken

In meiner Praxis habe ich beobachtet, dass die meisten Menschen fast automatisch artikuliert, klar und verständlich sprechen, wenn es ihnen wirklich wichtig ist, dass ihr Gegenüber versteht, was sie zu sagen haben. Und auch, dass sie dabei instinktiv natürliche Sprechpausen einlegen und ihre Stimme einen angenehmen Klang bekommt.

BEISPIEL

Überlegen Sie einfach einmal, wie Sie einem Kind liebevoll, aber auch nachdrücklich erklären würden, wie es am besten eine Straße überquert. Sie würden doch automatisch mit einer angenehm entspannten und doch emotional beteiligten Stimme sprechen. Und Sie würden auch nicht ohne Punkt und Komma durch die Sätze jagen, sondern alles Wichtige beherzt betonen, und nach jeder Aussage eine kleine Pause einlegen, um zu schauen, ob Ihre Botschaft angekommen ist. Und Sie würden unbewusst wahrscheinlich auch viel artikulierter sprechen, als Sie es sonst vielleicht tun.

Diesen Automatismus können Sie nutzen, um für Situationen zu trainieren, in denen Sie sich bislang vielleicht nicht so recht trauen, emotional und beherzt zu sprechen.

Übung: Beherzt und betont sprechen	
1	Überlegen Sie sich etwas, was Ihnen wirklich wichtig ist. Etwas, wovon Sie überzeugt sind. Etwas, das Sie anderen und der Welt schon immer mal so sagen wollten, um sie ebenfalls davon zu überzeugen.
2	Formulieren Sie in Gedanken die passenden Sätze dazu.
3	Sprechen Sie diese Sätze laut aus. Und zwar so, als würden Sie jemanden wirklich von Ihrer Sache überzeugen wollen.
4	Spüren Sie dem Klang Ihrer Sätze nach: Hörten sie sich so an, als würden sie wirklich aus Ihrem Herzen kommen? Sprachen Sie vielleicht noch etwas zaghaft? Schossen Sie vielleicht über das Ziel hinaus und waren zu pathetisch? Klangen Ihre Sätze vielleicht richtig, aber irgendwie noch fremd?
5	Spielen Sie mit Ihren Sprechweisen und probieren Sie aus, wie etwas wirkt und klingt. Variieren Sie dabei die Betonungen und verstärken Sie wichtige Worte abwechselnd durch mehr Lautstärke, eine tiefere bzw. höhere Stimme, eine Dehnung oder Pause davor, bis es passt.

Die Fragezeichen-Falle und wie Sie sie umgehen

In der Kommunikation gibt es eine tückische Sprechfalle, die sehr verbreitet ist. Viele neigen dazu, am Ende einer Aussage mit der Stimme hochzugehen, ähnlich wie bei einer Frage.

Sprechen Sie den folgenden Satz so aus, dass Sie mit der Stimme am Ende nach oben gehen: »Heute gehe ich in die Stadt«. Spüren Sie nach, was passiert: Sie haben automatisch das Gefühl, Sie müssten weiterreden, oder? Tatsächlich erwartet auch jeder, dass Sie weiterreden. Sofort kommen Sie in Stress.

Denn jetzt müssen Sie noch etwas sagen. Wenn Sie auch nach der nächsten Aussage mit der Stimme oben bleiben, geht der Stress weiter – so lange, bis Sie es schaffen, am Ende die Stimme nach unten zu bringen.

Diese Sprechweise hat so einige negative Folgen: Sie schieben Ähs ein, bis Ihnen einfällt, was Sie als Nächstes sagen können. Aufgrund des Sprechstresses werden Sie immer schneller, machen keine Pausen mehr. Dadurch können Zuhörer Ihnen immer schlechter folgen. Sie entwerten Ihre Aussage, weil sie nicht für sich allein stehen kann. Sie selbst wirken unsicher, weil Sie das, was Sie sagen, wie eine Frage formulieren.

Um Ihre Aussagen seriöser, gewichtiger und verständlicher wirken zu lassen, sollten Sie das genaue Gegenteil tun: Gehen Sie am Ende Ihrer Aussage mit der Stimme nach unten und machen Sie so automatisch eine Wirkungspause. Trainieren Sie dies mit der folgenden Übung.

Auf den Punkt sprechen und Wirkungspausen setzen	
1	Erzählen Sie einem fiktiven Gegenüber, was Sie im letzten Urlaub Schönes erlebt haben. Erzählen Sie so, dass der andere es nachempfinden kann.
2	Gehen Sie bewusst nach jeder Aussage mit der Stimme nach unten und setzen Sie eine kleine Wirkungspause, bevor Sie weiterreden.
3	Zeichnen Sie Ihre Erzählung auf, z. B. mit der Aufnahmefunktion Ihres Handys, Tablets oder PC. Hören Sie die Aufnahme ab. Wiederholen Sie diesen Schritt nötigenfalls, um sich weiter zu verbessern.

Probieren Sie es aus: Sie werden sich schnell daran gewöhnen, so zu sprechen – vor allem dann, wenn Ihnen Ihre Aussagen besonders wichtig sind.

Auf einen Blick: Mit souveränem Auftritt überzeugen

- Souveränität ist die überzeugendste innere und äußere Haltung: Sie beinhaltet Freundlichkeit und Stärke und zeigt sich in allen Dimensionen des Körperausdrucks und der Sprechweise.

- Menschen öffnen sich anderen nur dann, wenn sie sich wahrgenommen und wertgeschätzt fühlen. Dies leiten sie aus dem Blick und der Mimik ihres Gegenübers ab. Beides lässt sich durch passende Gedanken authentisch steuern.

- Gesten haben eine hohe Motivations- und Überzeugungskraft und sorgen dafür, dass andere uns besser verstehen. Sie müssen weniger erlernt als vielmehr zugelassen werden.

- Wo und wie man sich im Raum und zu anderen Menschen positioniert, beeinflusst den persönlichen Status und die Beziehungen zueinander. Damit lässt sich Autorität gewinnen und Vertrauen herstellen.

- Der Wille versetzt Berge, auch wenn es um Überzeugungskraft geht: Allein der Wille, jemanden zu überzeugen, lässt einen beherzter, betonter und verständlicher sprechen.

Menschen durch Verständnis bewegen

Menschen öffnen sich erst dann für die Ideen und Argumente eines anderen, wenn sie das Gefühl haben, wertgeschätzt und verstanden worden zu sein.

In diesem Kapitel erfahren Sie u. a.,

- warum Schweigen Silber und Zuhören Gold ist,
- wie Sie mit Fragen Vertrauen schaffen,
- wie Sie elegant Widerstände überwinden,
- weshalb Gelassenheit schneller ans Ziel führt als Druck.

Mit Zuhören überzeugen

Die meisten vergeblichen Überzeugungsversuche scheitern nicht an den schlechten Argumenten desjenigen, der überzeugen wollte. Sie scheitern vielmehr, weil dessen Gesprächspartner sich persönlich nicht akzeptiert und inhaltlich nicht verstanden fühlte. Warum soll man schließlich auch auf die Argumente von jemandem hören, dem man egal ist und der gar nicht weiß, worum es einem geht und was einem wichtig ist. Er kann so viel reden, wie er will. Er macht keinen Stich.

Doch wie gelingt es, anderen zu vermitteln, dass man sie wichtig findet und sie akzeptiert? Ein Türöffner, über den wir alle verfügen, ist das Zuhören. Und so sind denn auch Menschen, die eine hohe Überzeugungskraft auf andere haben, nicht etwa diejenigen, die besonders gut reden, sondern solche, die anderen besonders gut zuhören können und dabei zeigen, dass sie einem nahe und verbunden sind.

So gewinnen Sie das Vertrauen anderer

Wenn man bei einem anderen Menschen Gemeinsamkeiten und Ähnlichkeiten mit sich selbst bemerkt, fasst man viel schneller Vertrauen zu ihm, als wenn er sich sehr von einem unterscheidet. Um eine vertrauensvolle Beziehung aufzubauen, ist es deshalb sinnvoll, bewusst solche Gemeinsamkeiten und Ähnlichkeiten herzustellen.

Spiegeln Sie Ihren Gesprächspartner

Wenn »die Chemie« zwischen Menschen stimmt, dann schwingen sie in der gleichen Stimmung. Das zeigt sich in einem ähnlichen Sprechtempo, ähnlichen Körperhaltungen und Bewegungen. Sie lachen im selben Moment und greifen im gleichen Augenblick zu ihrem Trinkglas. Je mehr sie äußerlich harmonieren, desto wohler und vertrauter fühlen sie sich miteinander. Dies können Sie bewusst angehen: Spiegeln Sie Ihren Gesprächspartner dezent und respektvoll in Körpersprache (Haltung), Sprechweise (Tempo & Emotionalität) und Erscheinung (Kleidung). Dieses Verhalten nennt man in der Fachsprache Coping oder Rapport herstellen. Am einfachsten gelingt Ihnen das, wenn Sie sich vom Tempo und dem Grad der Emotionalität Ihres Gesprächspartners »anstecken« lassen. Wenn die Verbindung steht, können Sie Ihren Gesprächspartner dann mitnehmen und z. B. nach und nach für etwas begeistern, was ihn bis dahin kalt ließ.

Seien Sie ganz präsent

Fokussieren Sie sich ganz auf Ihren Gesprächspartner. Nehmen Sie die innere Haltung ein: Dieser Mensch und das, was er sagt, ist jetzt für mich das aller-, allerwichtigste auf der Welt. Nichts ist wichtiger, nichts kann mich von ihm ablenken. Ich bin hochinteressiert und höre hochkonzentriert zu.

Hochkonzentriertes Zuhören zeigt sich durch ...
▪ eine offene, zugewandte Körperhaltung
▪ Blickkontakt, wenn Ihr Gegenüber spricht
▪ Kopfnicken
▪ akustische Rückmeldungen wie z. B. aha, mhh
▪ ausreden lassen

Denken Sie vor Antworten sichtbar nach

Denken Sie sichtbar über die Aussagen Ihres Gegenübers nach, bevor Sie etwas dazu sagen. Dies zeigt, dass Sie bis dahin tatsächlich zugehört und sich nicht vorher schon Ihren nächsten Satz zurechtgelegt haben. Außerdem drückt sich darin auch aus, dass Sie Ihren Gesprächspartner wertschätzen und ernst nehmen, was er sagt.

Stellen Sie Fragen

Fragen zeigen Ihr Interesse an Ihrem Gegenüber und sind die Voraussetzung dafür, ihn wirklich besser zu verstehen. Fragen Sie, um

▪ etwas sachlich nachvollziehen zu können,

▪ herauszufinden, was Ihrem Gesprächspartner emotional besonders wichtig ist und welchen Werten er sich verpflichtet fühlt.

Reagieren Sie auf die Antworten des anderen

Kommentieren Sie Antworten des anderen positiv. Lassen Sie erkennen, was sie emotional in Ihnen auslösen; sagen Sie etwas Nettes dazu. Dadurch verhindern Sie, dass Sie eine Frage nach der anderen stellen und sich Ihr Gesprächspartner wie in einem Verhör fühlt.

Paraphrasieren Sie das Gehörte

Geben Sie das Gehörte in Ihren Worten wieder. So weiß Ihr Gegenüber genau, dass Sie ihn richtig verstanden haben. Typische Einleitungen für dieses Paraphrasieren sind:

- Habe ich richtig verstanden, dass ...?
- Ich habe Sie jetzt so verstanden: ...
- Sie meinen also ...
- Mit anderen Worten: ...
- Ihnen ist also wichtig, dass ...
- Zusammengefasst lässt sich also sagen: ...

Machen Sie sich Notizen

Notizen machen Ihr Interesse an den Aussagen Ihres Gesprächspartners offensichtlich. Ganz nebenbei sind sie auch eine gute Erinnerungshilfe. Aber aufgepasst: In einem Konfliktgespräch kann das Mitschreiben so wirken, als würden Sie wie ein Staatsanwalt »Beweise« sammeln, die Sie dann gegen Ihren Gesprächspartner verwenden. Notieren Sie in diesem Fall lieber nichts und konzentrieren Sie sich stattdessen auf die oben genannten Verstehenssignale.

Der doppelte Nutzen des spürbaren Verstehens

Agieren Sie, wie gerade beschrieben, hat das zwei wesentliche Vorteile: Ihr Gesprächspartner weiß jetzt, dass Sie ihn verstanden haben, dass also alles, was ihm wichtig ist, auch bei Ihnen angekommen ist. Er kann und wird sich deshalb mit hoher Wahrscheinlichkeit aus seinem Argumentationsmodus lösen und sich nun umgekehrt für Ihre Argumente, Sichtweisen und Ideen öffnen.

Wenn Sie diese nun darlegen, greift der zweite Nutzen: Sie kennen jetzt die Sichtweise Ihres Gesprächspartners und wissen, nach welchen Werten er urteilt und was ihm persönlich wichtig ist. Damit können Sie nun passgenau die Argumente, Fakten und Begründungen ins Feld führen, die Ihr Gegenüber in seiner Logik und in seinem Wertesystem zu überzeugen vermögen.

Durch Fragen Vertrauen schaffen

Wie heißt es so treffend? »Wer fragt, der führt!« Durch Fragen kann man ein Gespräch in die gewünschte Richtung lenken. Es gibt aber einen weiteren Effekt von Fragen, der in puncto Überzeugungskraft noch viel wichtiger ist: Wenn Sie einem anderen Menschen ehrliche Fragen zu seiner Person, seinem Tun und seinen Interessen stellen, dann zeigen Sie ihm, dass er ihnen wichtig ist, dass Sie sich für seine Belange interessieren. Er wird

Sie deshalb fast automatisch sympathisch finden und sich dementsprechend eher für Ihre Anliegen öffnen.

Fragend Gemeinsamkeiten finden

Der einfachste Weg, um eine gute Beziehung zu anderen herzustellen, ist es, Gemeinsamkeiten zu finden. Das tun wir im Privatleben nahezu immer. Auch im Job sollten wir viel öfter davon profitieren. Stellen Sie dazu die üblichen Small-Talk-Fragen: Was machen Sie beruflich? Woher kommen Sie? Wo waren Sie schon? Wie finden Sie die Veranstaltung? Wie gestalten Sie Ihre Freizeit?

Es läuft stets auf das Gleiche hinaus: Sobald wir Gemeinsamkeiten finden, fühlen wir uns besser miteinander und das Gespräch nimmt Fahrt auf. Wenn man dann bei dieser Gelegenheit entdeckt, dass man z. B. das gemeinsame Hobby »Hamsterzüchten« teilt, hat die Freude aneinander möglicherweise keine Grenzen mehr und der Grundstein für eine dauerhafte geschäftliche und eventuell auch private Verbindung ist gelegt.

Überzeugungsbooster:
Was ist dem anderen wirklich wichtig?

Befragen Sie Ihr Gegenüber zu seinen Überzeugungen, Werten und Interessen. Zeigen Sie ihm, dass er Ihnen wirklich wichtig ist. Denn Sie fragen dann nach den Aspekten, nach denen er seine Entscheidungen ausrichtet. Das hilft Ihnen wiederum, Ihrem Gesprächspartner die Argumente zu liefern, die ihn für Ihre Interessen öffnen.

BEISPIEL

> Ingo Melzer würde endlich mal gerne Hongkong kennenlernen. Er versucht deshalb, seine neue Partnerin Silvia für einen gemeinsamen Urlaub dort zu begeistern. Er schwärmt ihr von dem pulsierenden Leben vor, den Shopping-Möglichkeiten, den modernen Bauten, dem Nachtleben ... Und kann sie einfach nicht dafür erwärmen. Frustriert gibt er schließlich auf. Hätte er seine Lebensgefährtin gefragt, was ihr im Urlaub wichtig wäre, hätte er erfahren, dass sie Lust auf Erholung in der Natur und am Meer hat – und wäre mit ihr nach Hongkong gereist! Denn Hongkong bietet auch das.

Zur Ergänzung und Anregung hier ein paar Fragen, die es leichter machen, die Werte und Einstellungen von anderen zu ergründen.

Fragenkatalog: Werten und Einstellungen auf die Spur kommen

- Welche Erfahrungen haben Sie zu dieser Meinung geführt?
- Welchen Anlass gibt es für Sie, dies oder jenes tun bzw. verändern zu wollen?
- Was wünschen Sie? Was soll erreicht werden?
- Was soll dadurch (für Sie) besser werden?
- Woran erkennen/messen Sie, dass es besser (für Sie) geworden ist?
- Welche Befürchtungen haben Sie? Welche Schwierigkeiten erwarten Sie?
- Auf welchem Weg soll das Ziel erreicht werden? Was ist Ihnen daran wichtig?
- Was darf auf keinen Fall passieren? Was muss auf jeden Fall beachtet werden?

Fragenkatalog: Werten und Einstellungen auf die Spur kommen

- Was ist für Sie das entscheidende Kriterium?
- Gibt es noch etwas Wichtiges zu wissen, was ich bislang noch nicht gefragt habe bzw. worüber wir bislang noch nicht gesprochen haben?

Stellen Sie niemals eine Frage nach der anderen. Das würde wie ein Verhör wirken und berechtigte Blockaden auslösen. Gehen Sie auf die Antworten ein, kommentieren Sie sie positiv, reagieren Sie anerkennend, vertiefen Sie Gemeinsamkeiten und fragen Sie hin und wieder detaillierter nach.

Widerstände elegant überwinden

Wer Ideen, Vorschläge und Angebote präsentiert, stößt unausweichlich auch mal auf Widerstand, Kritik und Einwände – egal ob im Zweiergespräch, in einer Gesprächsrunde oder bei einer großen Präsentation. Das frustriert. Lösen Sie diese Frustration bei Ihrem Gesprächspartner aus, dann haben Sie ihn für Ihre Sache verloren. Haben Sie selbst das Gefühl, zurückgewiesen zu werden, nimmt Ihnen das zunächst einmal ein Stück Souveränität und Selbstsicherheit und reduziert damit Ihre Überzeugungskraft.

Im Dialog mit dem anderen wird die emotionale Frustration in der Regel nicht thematisiert. Stattdessen wird die Kritik auf der Sachebene abgeschmettert. Der andere kontert das wiederum mit der Verteidigung seiner Kritik oder er erweitert sie sogar noch. Das Ergebnis: Argumente werden hin und her geschossen, es baut sich offen oder unterschwellig eine gereizte Stimmung auf und am Ende wird der Disput wegen absehbarer Ergebnislosigkeit abgebrochen. Der Versuch, jemanden für etwas zu gewinnen, ist damit gescheitert.

Die bessere Variante: Versuchen Sie herauszufinden, warum der andere Sie kritisiert bzw. Ihnen Widerstände entgegensetzt.

Kritik verstehen und vorbeugen

Widerstände, Skepsis und Kritik beruhen häufig auf Unsicherheit oder mangelnden bzw. falschen Informationen, die zugleich mit negativen Erwartungen einhergehen.

BEISPIELE

> »So, so, ein Motivationsvortrag für die ganze Belegschaft! Sollen wir da etwa peinlich Händchen halten und alle Juhu rufen?«

> »Die geplante Umstrukturierung der Abteilung wird vorgestellt? Egal, wie schön die reden, die wollen doch nur noch mehr aus uns herauspressen!«

Wer solche Erwartungen hat, wird skeptisch und distanziert ins Gespräch oder in die Veranstaltung gehen und sich bei nächster Gelegenheit kritisch äußern. Das macht Ihre Überzeugungsanstrengungen nicht gerade leichter. Zum Glück können Sie solchen Haltungen vorbeugen.

Aktiv auf die Sorgen anderer eingehen

Es hilft, wenn Sie auf potenzielle Fragen, Einwände und Kritik von sich aus eingehen und diese bereits im Voraus entkräften.

BEISPIEL

»Willkommen im Motivationsvortrag! Viele denken bei so einem Thema sofort an einschlägige Bilder aus dem Fernsehen: Händchen halten und immer Juhu rufen. Da kann ich Sie beruhigen ...«

Eine solche Aufklärung ist oft auch schon bei der Einladung bzw. der Verabredung zum Gespräch sinnvoll.

Eine entspannte Grundhaltung

Vorbeugend wirkt auch eine positive und entspannte Grundhaltung, aus der heraus Sie sich auf Ihre Gesprächspartner freuen, sich für sie interessieren und sie deshalb freundlich und bewusst wahrnehmen. Diese werden das spüren, sich respektiert fühlen und von daher bereits wenig(er) Aggression entwickeln.

Zu dieser Grundhaltung gehört es auch, dass Sie Widerstände und Kritik von vornherein nicht persönlich nehmen, sondern als Ausdruck eines Unbehagens, das Sie ernst nehmen und um das Sie sich kümmern. Aus so einer Haltung heraus können Sie aufmerksam und gelassen reagieren. Sie laufen dann kaum Gefahr, in den Verteidigungs- bzw. Angriffsmodus zu verfallen, was den Widerstand bzw. den Konflikt ohnehin nur verstärken würde.

Raus aus Konflikten

Wenn Sie bereits in einem Kritik- oder Konfliktgespräch angekommen sind, können Sie Folgendes tun:

- Hören Sie Ihrem Gegenüber so zu, wie es im Kapitel »Mit Zuhören überzeugen« beschrieben ist.

- Antworten Sie erst nach einer erkennbaren Denkpause.

- Versuchen Sie rational *und* emotional zu verstehen, um was es ihm geht.

So signalisieren Sie Ihrem Gesprächspartner: »Trotz des Konflikts liegt mir daran, deine Sichtweise zu verstehen.« Das ist ein erster Schritt raus aus dem Konflikt. Denn kaum etwas verstärkt Widerstand und Aggressionen mehr, als das Gefühl, nicht wahrgenommen, nicht ernst genommen, nicht verstanden worden zu sein.

Emotionen anerkennen statt angreifen

Im Umgang mit Widerständen und Konflikten gibt es eine große Falle: Ein Sachargument folgt wie ein Schlagabtausch auf das andere und ruckzuck wird auf der Sachebene um wahr oder falsch gestritten. Meist kommt dabei nichts heraus. Der Grund für dieses Dilemma: Das Problem liegt gar nicht auf der Sach-, sondern auf der Gefühlsebene. Gefühle lassen sich jedoch nicht mit Argumenten verändern, sondern nur über Mitgefühl und durch einen neuen Blick auf die Sache.

BEISPIEL

Klaus Wernhold kommt wegen seines Chefs genervt und frustriert nach Hause. »Heute hat er schon wieder nachgefragt, wie weit ich mit meinem Projekt bin und ob ich alle Beteiligten schon wegen eines Termins gefragt habe. Ja, meint er denn, ich wüsste nicht, was zu tun ist? Ich weiß genau, wie wichtig die Sache ist!«, klagt er und donnert wütend seine Tasche in die Ecke. »Ach, reg dich doch nicht auf«, will seine Frau Marion ihn beruhigen »Das geht doch nicht gegen dich. Der meint es doch bestimmt nur gut!« – »Nur gut? Von wegen, gerade erst letzte Woche hat er ...« – Auf dieses Argument von Klaus folgt wieder ein Gegenargument von Marion usw. Am Ende sind beide frustriert und genervt, sowohl von der Sache als auch vom anderen.

Kennen Sie solche Situationen? Wahrscheinlich. Wir tappen immer wieder in diese Falle. Hätte Marion einfach nur etwas mehr Gefühl und Verständnis dafür gehabt, dass es sich unangenehm anfühlt, so von seinem Chef kontrolliert zu werden, dann wäre schnell alles gut gewesen. Klaus hätte sich verstanden gefühlt und wahrscheinlich sogar recht bald gesagt: »Ach, wahrscheinlich ist der Chef nur selbst gerade sehr nervös.« Auf diese neue Sichtweise konnte Klaus aber gar nicht kommen, denn er musste erst um die Anerkennung für sein Frustrationsgefühl kämpfen. Schließlich hat Marion ihm durch ihr Beruhigungsargument zu verstehen gegeben: »Klaus, du hast überhaupt kein Recht, dich frustriert zu fühlen. Du und dein Gefühl, ihr liegt falsch.« Was blieb Klaus da anderes übrig, als weitere Argumente aufzufahren, die sein Gefühl rechtfertigten.

Das Beispiel zeigt etwas universell Geltendes: In Widerständen und Konflikte äußern sich Gefühle, die weder gelogen noch eingebildet sind. Deswegen wollen sie angenommen und nicht wegdiskutiert werden. Das Prinzip lautet:

1. erst Verständnis und Mitgefühl für die Emotionen,

2. dann Analyse und Lösung der Sachfrage.

Bevor Sie also auf einen möglichen Angriff mit Beschwichtigung, Verteidigung oder gar Gegenangriff reagieren, zeigen Sie lieber zunächst Verständnis und Mitgefühl. Machen Sie sich erst danach an die Analyse und die Lösungsfindung. Sie werden merken, dass geht dann viel leichter und schneller.

Weshalb Entspanntheit Sie schneller ans Ziel bringt

An verschiedenen Stellen in diesem Buch habe ich immer wieder betont, wie wirkungsvoll es ist, voll hinter seiner Sache zu stehen, Leidenschaft für sie zu entwickeln und dies auch nach außen zu zeigen. Das ist und bleibt richtig. Allerdings treibt uns dieses Brennen für eine Sache unter Umständen auf eine Gefahr zu: Wir wollen etwas so sehr, dass wir anderen durch unser Auftreten und Reden zu viel Druck machen.

Das Fatale daran: Druck erzeugt Gegendruck und viel Druck erzeugt viel Gegendruck – unter Umständen so viel, dass die Menschen, die wir für unsere Sache begeistern wollen, auf Abwehr umschalten.

BEISPIEL

> Autoverkäufer Andreas ist völlig überzeugt von Modell X. Von Modell
> Y hält er gar nichts. Ein Kunde hat dagegen für beide Modelle einige
> sehr gute Kaufgründe gefunden. Andreas plädiert aber mit Vehemenz
> nur für Modell X. Die Kundenargumente für Modell Y bügelt er brüsk
> ab. Der Kunde fühlt sich persönlich angegangen und kauft sein Auto
> woanders.

Zu viel Druck ist wie ein Angriff gegen die eigene Persönlichkeit. Wir haben dann das Gefühl: »Da will mich jemand zu etwas zwingen«, und widersprechen dem anderen oder ziehen uns ganz zurück. Vor diesen Folgen schützt ein anderer Weg.

Angebote machen, die man auch ablehnen kann

Zu Beginn meiner Trainer und Beraterkarriere habe ich den gleichen Fehler begangen wie der Verkäufer im Beispiel. In Seminaren und Vorträgen habe ich wunderbare Mentaltechniken vorgestellt und klasse Tipps, was man in Sachen Körpersprache alles machen sollte. Ich habe sie als das Beste angepriesen, was man tun kann, ja, eigentlich sogar tun muss! Wenn ich dann auf Skepsis stieß, habe ich noch vehementer und engagierter dafür plädiert. Dies hat den Widerspruch der Teilnehmer stets weiter erhöht.

Inzwischen tue ich das schon lange nicht mehr. Ich rede zwar immer noch so, dass jeder merkt, dass ich eine Mission habe, begeistert bin und leidenschaftlich hinter meiner Sache und meinen Botschaften stehe. Aber ich stelle meine Lösungen nicht mehr als das Größte, Beste, Richtigste dar, dem man so und nicht anders folgen muss. Stattdessen mache ich ganz entspannt klar: Alles, was ich sage, ist gut und wahr und hat sich bewährt. Aber es ist trotzdem nur ein Angebot. Nicht alles passt für jeden und in jeder Situation. Deshalb lade ich ein, auszuprobieren und zu prüfen, ob das, was ich zu bieten habe und wofür ich eintrete, für andere passt.

Seit ich das tue, gerate ich kaum mehr in Dispute. Aber nicht das ist das eigentlich Gute daran, sondern die Erfahrung, dass ich mit dieser Offenheit und Entspanntheit Menschen viel leichter erreiche und für eine Sache begeistere. Statt Widerspruch mit rhetorischem Druck zu erzeugen, lege ich meine Ideen und Vorschläge wie Gaben auf einen Tisch und vertraue darauf, dass ich ihren Nutzen mit meiner ehrlichen Leidenschaft so glaubwürdig und attraktiv darstelle, dass die meisten sie gerne und mit Freude annehmen. Das Tolle daran ist: Genau das geschieht – ganz ohne Druck. Probieren Sie es aus und prüfen Sie, ob dieses Prinzip auch für Sie passt.

> Wer Menschen begeistern und zu etwas bewegen will, sollte seine Ideen, Empfehlungen und Vorschläge nicht als eine Weisheit darstellen, der man folgen *muss*, sondern als ein tolles Angebot, dass man sinnvoll für sich nutzen *kann*.

Auf gemeinsamen Gewinn hin verhandeln

Auch beim Verhandeln gelten die in den Abschnitten zuvor beschriebenen Grundprinzipien und Regeln. Die Basis ist stets: Mit Gedanken und Erwartungen in die Begegnung gehen, die Sie dazu bringen, den Gesprächspartnern möglichst offen und freundlich gegenüberzutreten, voll hinter dem eigenen Ziel zu stehen und entsprechend souverän und sicher aufzutreten. Wenn Sie diese Prinzipien anwenden, werden Sie auch beim Verhandeln sehr gute Ergebnisse erzielen. Die folgenden Techniken helfen Ihnen, Verhandlungssituationen noch besser zu meistern.

Selbstsicherheit aus dem angebotenen Nutzen ziehen

Wer bei einer Verhandlung unsicher wirkt, lädt sein Gegenüber förmlich dazu ein, unnachgiebiger zu verhandeln und härter nachzubohren. Der Grund: Unsicher vorgebrachte Argumente werden inhaltlich angezweifelt. Wer dagegen Sicherheit ausstrahlt, weiß offenbar, dass seine Forderungen angemessen und berechtigt sind. Die Wirkung: Andere hinterfragen ihn und seine Positionen weniger.

Genau das zeigt den Weg, wie Sie Ihre Selbstsicherheit effizient vergrößern: Sie machen sich sehr genau klar, weshalb das, was Sie fordern, angesichts dessen, was Sie bieten, absolut gerechtfertigt ist, eine hervorragende Leistung darstellt und Ihrem Verhandlungspartner einen sehr großen Nutzen bringt. Am besten schreiben Sie sich das genau auf. Wenn Sie all das bieten – weshalb sollten Sie auch nur ein kleines bisschen unsicher sein?

Stecken Sie Ihren Verhandlungskorridor ab

Wenn Sie das tun, kommen Sie nicht in die Gefahr, während der Verhandlung zu überlegen, was geht und was nicht. Das wäre nicht gut. Denn sobald Sie überlegen, strahlen Sie unwillkürlich Unsicherheit aus. Außerdem können Sie sich in diesen Momenten weniger auf Ihren Verhandlungspartner und die Argumente konzentrieren, mit denen Sie ihn überzeugen können. Deshalb bereiten Sie sich am besten so vor:

- Legen Sie Ihr Verhandlungsziel fest. Überlegen Sie zugleich, welche kleine Zugabe Sie als Gegenleistung obendrauf packen würden, um dieses Ziel in der Verhandlung erreichen zu können.

- Legen Sie Ihre Einstiegsforderung fest. Sie sollte über Ihrem Ziel liegen, aber trotzdem so realistisch sein, dass sie von Ihrem Verhandlungspartner erfüllt werden kann.

- Legen Sie Ihr Minimalziel fest, das Sie nicht unterschreiten werden. Überlegen Sie, was Ihr Verhandlungspartner bringen muss oder worauf er verzichten muss, damit Sie bereit sind, sich auf dieses Minimalziel einzulassen.

Personen und Emotionen von Sachfragen und Interessen trennen

Je härter eine Verhandlung geführt wird, desto größer ist die Gefahr, in eine emotionale Falle zu tappen. Es handelt sich dabei um die spiegelbildliche Variante zur Falle in Konfliktsituationen. Dort besteht die Falle darin, dass ein emotionaler Konflikt auf der Sachebene ausgetragen wird. Beim Verhandeln ist es umgekehrt: Hier besteht die Falle darin, dass sachliche Interessenunterschiede emotional verhandelt werden. Das passiert dann, wenn Forderungen von den Beteiligten nicht mehr als berechtigte Interessen bewertet werden, sondern als persönlicher Affront. Und schon mischen sich Untertöne, Blicke und Körperhaltungen in die Verhandlung, die mehr oder minder deutlich signallsieren: »Ich mag dich nicht mehr, bin wütend, will dich jetzt persönlich ärgern usw.« Je länger das so geht, desto unwahrscheinlicher wird ein Verhandlungsergebnis, das beide Seiten gewinnen lässt.

In Verhandlungen ist es daher zielführend, die beteiligten Menschen (Beziehungsebene) und ihre Interessen (Sachfragen) getrennt voneinander zu sehen und zu behandeln – strikt nach dem Prinzip: freundlich mit den Menschen, hart in der Sache. Ausführlich finden Sie diesen Ansatz beschrieben bei Roger Fischer und William L. Ury in ihrem berühmt gewordenen Verhandlungsmodell, dem Harvard Konzept (nachzulesen in ihrem Buch »Das Harvard-Konzept«).

Erst der Wert, dann die Kosten

Menschen geben nicht gerne ab – es sei denn, es lohnt sich. Erschrecken Sie also in Verhandlungen niemanden damit, dass Sie ihm zuerst sagen, was Sie von ihm wollen, und ihm erst danach erklären, warum es sich für ihn auch lohnt. Wenn der Schreck zu groß ist, ist Ihnen der Verhandlungspartner nämlich vielleicht schon davongerannt oder sitzt nur noch aus blanker Höflichkeit vor Ihnen. Machen Sie es lieber umgekehrt: Beschreiben Sie immer erst ausführlich und emotional nachfühlbar den Nutzen, den Ihr Verhandlungsziel Ihrem Verhandlungspartner bringt, und sagen Sie erst danach, was er dafür leisten muss.

Stellen Sie sich eine Waage vor. Wenn Sie zuerst den Nutzen in die Waagschale werfen, wirkt der Preis angemessen, sobald sie ihn in die andere Waagschale legen. Wenn Sie es umgekehrt machen, senkt der Preis die eine Waagschale nach unten, während die Nutzen-Waagschale aus Sicht Ihres Verhandlungspartners skandalös leer bleibt.

Keine Einigung ist auch ein gutes Ergebnis

Nur wenn beide Verhandlungspartner etwas von dem Ergebnis haben und sich dabei gut fühlen, wird es dauerhaft tragen. Ein Ergebnis, bei dem einer der Partner das Gefühl hat, übervorteilt worden zu sein, taugt über kurz oder lang nicht. Derjenige, der sich ausgetrickst, überredet oder schlichtweg als Verlierer fühlt, wird sich entweder bei der nächsten Gelegenheit rächen, oder gar nicht mehr mit Ihnen verhandeln.

Lässt sich eine Win-win-Situation nicht erreichen, ist die Option »Gar kein Ergebnis« langfristig besser, denn sie sagt ja nichts anderes aus als: »Wir erkennen an, dass es uns um ein Win-win ging. Es konnte dieses Mal leider nicht realisiert werden. Bei der nächsten Verhandlung gehen wir es gerne wieder an.« Auf diese Weise bleiben Sie auch langfristig ein glaubwürdiger und geschätzter Verhandlungspartner.

Auf einen Blick: Menschen durch Verständnis bewegen

- Spürbares Zuhören signalisiert dem anderen: »Du und deine Aussagen sind mir wichtig.« Das wiederum öffnet den Gesprächspartner für die eigenen Argumente.

- Ehrliche Fragen beweisen das Interesse am anderen und helfen zu verstehen, was ihm wichtig ist.

- Widerstände gründen auf emotionalem Unbehagen. Sachliche Gegenargumente vermögen hier nichts zu bewirken. Erst wenn den Gefühlen Rechnung getragen wird, kommt man auch in der Sache weiter.

- Druck erzeugt Gegendruck. Wenn Vorschläge entspannt als Kann und nicht als Muss formuliert werden, werden sie häufig schneller aufgegriffen.

- In Verhandlungen gilt: wertschätzend in der Beziehung und hart in der Sache. Beide Seiten sollten vom Verhandlungsergebnis profitieren.

Mit Worten und Argumenten mitreißen

Will man andere begeistern, ist es wichtig, wie man etwas sagt. Das genügt aber nicht. Um volle Wirkung zu erzielen, braucht es auch die geeigneten Worte und die treffenden Argumente.

In diesem Kapitel erfahren Sie u. a.,

- weshalb Ihre Worte den Verstand *und* das Herz Ihres Gegenübers treffen sollten,

- was mehr hilft als alle rhetorischen Tricks,

- wie Sie wirkungsvolle Argumentationsketten bauen,

- warum Bilder und Geschichten wirkungsvoller sind als Zahlenkolonnen und Statistiken.

Grundprinzip: Verstand bedienen, Herz begeistern

Wenn es um die Frage geht, wie man andere Menschen von etwas überzeugen kann, dann denken die meisten an logisches Argumentieren mit harten Zahlen, Daten und Fakten und an rhetorisch geschicktes Formulieren. Das ist alles natürlich nicht verkehrt, jedoch mit einem großen Aber versehen. Es hat nämlich keinen direkten Einfluss darauf, ob sich jemand überzeugen lässt oder nicht. Viele psychologisch-neurologische Experimente haben inzwischen hinreichend nachgewiesen, dass Entscheidungen und Überzeugungen nicht auf der rationalen, sondern auf der emotionalen Ebene getroffen werden. Das widerspricht zwar dem, was wir Menschen gerne von uns glauben, passt aber sehr treffend zu dem, was wir Tag für Tag erleben. Tatsächlich reagieren wir Menschen nicht direkt auf Fakten. Wir bewerten sie erst einmal und entscheiden dann, ob wir sie überhaupt anerkennen. Der Maßstab dabei ist stets: Passen sie in unser Weltbild bzw. zu dem, was wir sehen und erleben wollen?

BEISPIEL

Zur ersten Mondlandung gibt es ganz viele Fakten, aber keine einheitliche Meinung. Einige Menschen sind sich sicher, dass es geheime Mächte gibt. Sie glauben nur an die »Fakten«, die »beweisen«, dass diese Mächte die Mondlandung fingiert haben. Andere wiederum sind sich sicher, dass es solche mächtigen geheimen Mächte nicht gibt. Sie »glauben« nur an die »Fakten«, die bestätigen, dass die Mondlandung stattfand. Obwohl beide Seiten massiv mit Fakten argumentieren, kann keine Gruppe die andere überzeugen.

Dass wir andere oftmals nicht mit unseren Fakten überzeugen können, hat auch damit zu tun, dass Menschen für alles, was sie glauben wollen, »schlüssige« Gründe finden. Dies zeigt anschaulich ein berühmtes historisches Beispiel: die sog. Dreyfus-Affäre, welche die französische Gesellschaft in den 1890er Jahren aufwühlte.

BEISPIEL

> Alfred Dreyfus war französischer Hauptmann jüdischen Glaubens, der im Jahr 1894 wegen Landesverrats verurteilt wurde. Und das, obwohl sich dafür weder ein Beweis noch ein Motiv fand und sich viele Menschen für die Redlichkeit des Offiziers aussprachen. Trotzdem glaubten viele an seine Schuld und griffen ihn öffentlich an. Ihre treffliche Begründung war: Gerade, dass man Dreyfus nichts nachweisen könne, beweise (!) die teuflische Raffinesse des jüdischen Landesverräters ...

Die Beispiele zeigen: Wir Menschen bauen uns die Welt der Fakten, wie wir sie brauchen. Das tun wir nicht nur im historischen Rahmen, sondern auch in unserem Alltag. Obwohl alle harten Zahlen, Daten und Fakten sowie alle sachlich-rationalen Überlegungen dagegensprechen, fahren wir Autos, die größer und schneller sind als nötig, kaufen wir mehr Kleidung, als wir brauchen, essen wir Dinge, die uns nicht guttun, und blenden dabei alle Fakten aus, die uns nicht passen. Warum tun wir das? Ganz einfach, weil es sich gut anfühlt! Und dann suchen wir nach möglichst rational scheinenden Gründen, um unsere emotionalen Entscheidungen zu rechtfertigen. Daher sind Fakten alleine kein sehr wirkungsvolles Instrument, um Menschen von etwas zu überzeugen. Hinzu kommt noch, dass die Reaktion auf Fakten höchst unterschiedlich sein kann und die jeweilige Reaktion auch nur schlecht vorherzusehen ist.

BEISPIELE

Die Werbung »Durchschnittlich 32 °C am Urlaubsort« lässt die eine sehnsüchtig träumen und den anderen entsetzt aufstöhnen.

Die Ankündigung »Wir strukturieren die Firma um« motiviert den einen und frustriert die andere.

Die Schlussfolgerung daraus lautet nun aber nicht, auf Fakten zu verzichten. Es geht vielmehr darum, sie angemessen einzusetzen: Bedienen Sie den Verstand Ihrer Zuhörer mit redlich zusammengetragenen Zahlen, Daten und Fakten. Verlassen Sie sich aber nicht darauf, dass das Faktenmaterial von alleine die gewünschten Reaktionen bewirkt. Kombinieren Sie es mit Bedeutungen, die die gewünschten Emotionen auslösen.

BEISPIEL

Listen Sie nicht nur die Kosten für den Firmenneubau auf, sondern beschreiben Sie auch, welche Chancen sich daraus für die Mitarbeiter ergeben: angenehmere Arbeitsatmosphäre, gesünderes Arbeiten etc.

Überzeugen Sie mit Nutzen, Werten und Motiven

Wenn es um das Überzeugen mit Worten und Argumenten geht, sind weder Zahlen, Daten und Fakten noch rhetorische Tricks die entscheidenden Überzeugungsfaktoren. Viel wichtiger sind Nutzen, Werte und Motive. Der Grund dafür liegt in der Natur des Menschen. Bevor wir etwas tun oder lassen, wägen wir stets ab: Was bringt uns das? Am Ende tun wir dann das, was sich für uns am sinnvollsten anfühlt. Sinnvoll ist das, was uns einen Nutzen schenkt, was unseren Werten entspricht und was für uns ein Handlungsmotiv ist, also ein attraktives Ziel, das wir erreichen möchten. Wollen Sie also Menschen für Ihre Sache gewinnen und begeistern, dann sollten Sie dasjenige herausstellen, was für die anderen nützlich, wertvoll und motivierend ist. Gelingt Ihnen das nicht, können Sie noch so klug und geschickt argumentieren, Ihre Überzeugungsversuche werden ins Leere gehen.

BEISPIEL

Sie können Ihrem Mitarbeiter die tollsten Karrieremöglichkeiten versprechen. Falls ihm die Familie wichtiger als die Karriere ist, hilft Ihnen diese Argumentationsstrategie gar nichts.

Viel besser ist es herauszufinden, was dem anderen wichtig ist, und die eigene Argumentation entsprechend darauf abzustellen.

BEISPIEL

Angenommen, Sie wollen Menschen dazu bringen, mehr Gemüse und weniger Fleisch zu essen. Die einen überzeugen Sie mit dem hohen gesundheitlichen Wert dieser Ernährungsweise. Bei anderen wäre es wirkungsvoller zu betonen, wie genussvoll, appetitlich und abwechslungsreich das wäre. Bei wieder anderen zieht allein das Argument, dass dies für Mensch und Natur langfristig die verantwortungsvollste Ernährungsweise ist.

Bei der Suche nach den richtigen Argumentationsansätzen helfen Ihnen die Antworten auf die folgenden Fragen weiter.

Versetzen Sie sich in den oder die anderen hinein und beantworten Sie folgende Fragen:

- Was macht diesen Menschen Spaß und Freude?
- Was mögen sie nicht? Was fürchten sie vielleicht sogar? Was erleben sie als schmerzhaft?
- Was ist das zentrale Problem dieser Menschen? Wo erleben sie einen Mangel? Was hätten sie gerne als Lösung?
- Was motiviert und treibt sie an? (Mit-)Entscheiden können? Anerkennung und Zuwendung? ...
- Was wollen sie haben? Abwechslung, Neugier, Sicherheit, Ruhe, Ordnung, Aufregung, Status ...
- Welche Ziele verfolgen sie? Was sind ihre (wahren) Interessen?
- Welche Werte sind ihnen wichtig? Fairness, Ehrlichkeit, Verlässlichkeit, Zusammenhalt, Familie, Respekt, ...?
- Auf welche Werteverletzungen reagieren sie empfindlich?
- Auf welche Worte, Begriffe, Umstände springen sie positiv an? Auf welche negativ?

Fragen Sie sich dann: Was kann ich für die Menschen, die ich gewinnen will, an persönlichem Nutzen, Wert und Motivation bieten? Schreiben Sie Ihre Ideen dazu nieder und bauen Sie Ihre Argumentationsstrategie genau darauf auf.

Vermeiden Sie es, von sich auf andere zu schließen. Was Sie überzeugt, kann für Ihre Gesprächspartner und Zuhörer ein Ausschlussgrund sein.

So bauen Sie wirkungsvolle Argumentationsketten

In diesem Kapitel lernen Sie drei Muster kennen, nach denen Sie sehr wirkungsvolle Argumentationsketten bilden können. Sie sind quasi rhetorische Universalwerkzeuge mit dreifachem Nutzen.

1. Sie helfen Ihnen, einen Sachverhalt klar, verständlich und inhaltlich überzeugend darzustellen.

2. Zugleich helfen Sie Ihnen dabei, die eigenen Gedanken zu sortieren.

3. Und indem sie beides tun, geben sie Ihnen Sicherheit und unterstützen damit Ihre souveräne und kompetente Ausstrahlung.

Die Statement-Formel

Die Statement-Formel passt immer dann, wenn Sie sich in einer Sache positionieren wollen.

Schritt		Beispiele
1.	These oder Ausgangssituation benennen	»Wir sind der Auffassung, dass sich die Sache so verhält: ...«
2.	Sachlich begründen evt. mit einem emotionalisierenden Beispiel oder einem Beweis	»Die Ursachen für diese Situation liegen darin: ...« / »Ein gutes Beispiel dafür ist ...« / »Dies führt uns in folgendes Dilemma: ...«

Schritt		Beispiele
3.	Schlussfolgerung oder Fazit ziehen, Strategien zum Umgang mit der Situation geben, Lösungen anbieten, Appell aussprechen	»Deshalb werden wir ... / müssen wir ... / ist es notwendig, dass ...«

Die Lösung-Formel

Die Lösung-Formel passt immer dann, wenn Sie einen problematischen Sachverhalt samt Lösungsvorschlag griffig darstellen wollen.

Schritt		Beispiele
1.	Das Thema, das Problem, die Fragestellung benennen	»*Worum* geht's es hier? Es geht darum ...«
2.	Die Ist-Situation beschreiben	»Es sieht so aus, dass ...«
3.	Die Soll-Situation beschreiben	»Am Ende soll es doch so aussehen, dass ...«
4.	Lösung vorschlagen und begründen	»Zur Lösung des Problems bietet sich ... an, denn ...«
5.	Schlussfolgerung oder Fazit ziehen, Strategien zum Umgang mit der Situation und Lösungen anbieten, Appell aussprechen	»Deshalb werden wir ... / ist es notwendig, dass ...«

Die Pro-und-Kontra-Formel

Die Pro-und-Kontra-Formel passt immer dann, wenn Sie in einer Diskussion oder in einem Streitgespräch die unterschiedlichen Positionen zusammenfassen und auf Ihren Lösungsvorschlag hin zuspitzen wollen.

Schritt		Beispiele
1.	Das Thema, das Problem, die Fragestellung benennen	»Es geht darum ...«
2.	Die Pro-Argumente benennen	»Es spricht dafür, dass ...«
3.	Die Kontra-Argumente benennen	»Es spricht dagegen, dass ...«
4.	Die Argumente bewerten, gewichten und begründen	»Es überwiegen die Argumente, die dafür/dagegen sprechen, denn ...«
5.	Schlussfolgerung oder Fazit ziehen, Strategien zur Umgang mit der Situation und Lösungen anbieten, Appell aussprechen	»Deshalb werden wir ..., / ist es notwendig, dass ...«

Tipps zur Anwendung der Formeln

- Argumentationsschritte verinnerlichen: Wenn Sie bereits wissen, dass Sie in einem Gespräch oder Vortrag mit den Formeln arbeiten werden, schreiben Sie sich Ihre Argumentationsschritte am besten auf. Danach verinnerlichen Sie sie, indem Sie sie so lange frei laut aussprechen, bis Sie ihnen locker von den Lippen kommen.

- Logische Verbindungswörter benutzen: Verwenden Sie in Ihren Stellungnahmen ganz bewusst Gelenk- oder Scharnier-Wörter wie z. B. deshalb, darum. Das macht Ihre Argumentation verständlicher, schlüssiger und gewichtiger.

- Strukturierende Fragen einbauen: Testen Sie, ob es Ihnen liegt, Ihren Gedankengang durch Fragen zu strukturieren. Sie können dann z. B. einzelne Argumentationsschritte mit Fragen einleiten, die Sie dann selbst beantworten. Beispiele: »Worum geht es? – Es geht darum, dass ...«, oder: »Wie sieht es denn aus? – Es sieht so aus, dass ...«.

Bilder und Geschichten schlagen Zahlen, Daten, Fakten

Unser Gehirn versteht und lernt am besten, wenn es mit konkreten Bildern, schlüssigen Abläufen, klaren Strukturen und bedeutungsgebenden Emotionen zu tun hat. Und es lässt sich davon nachhaltig beeindrucken und überzeugen. Der Grund dafür liegt in der Weise, wie wir Wahrnehmungen und Informationen verarbeiten.

BEISPIELE

Barack Obama, der erste schwarze US-Präsident und einer der beeindruckendsten Redner unserer Zeit, arbeitet ganz viel mit Geschichten. Zum Beispiel mit der von Ashley, deren Mutter an Krebs erkrankte, als Ashley 9 Jahre alt war. Weil ihre Mutter durch die Krankheit ihre Arbeit und auch ihren Gesundheitsschutz verlor, fehlte es an Geld für Medikamente. Ashley überzeugte deshalb ihre Mutter, dass sie Senf- und Relish-Sandwiches am allerliebsten möge – das billigste Essen, das sie kannte. Damit nicht noch mehr Kinder ihren Eltern auf diese Weise helfen müssen, brauche es eine staatliche Krankenversicherung, erklärte Obama dazu. Das überzeugte mehr Menschen von der Notwendigkeit des Versicherungsschutzes, als es ellenlange Statistiken und Tortendiagramme getan hätten.

Passende Bilder und Geschichten finden

Die passenden Bilder zu finden, ist leicht, wenn man die folgende Technik anwendet.

Die Anschubsatz-Technik

Schreiben Sie zunächst die Aussage auf, die Sie in ein Bild übersetzen wollen. Dann vervollständigen Sie einen der folgenden Sätze:

- Aussage → »Das ist genauso wie ...«
- Aussage → »Das wäre so, als ob ...«
- Aussage → »Das ist, als wenn ...«

Beispiel: »Ein Körpersprachetraining mit 23 Teilnehmern zu machen, wäre so, als ob ein Bergführer 23 Wanderer gleichzeitig auf unterschiedlichen Wegen zum Ziel führen soll.«

Häufig haben wir schon Geschichten im Kopf, benutzen sie aber nicht für unsere Argumentation. Mit folgenden Fragen können Sie sie aktivieren:

- Welche eigenen Erlebnisse erzähle ich immer wieder? Passt eine dieser Erzählungen, um eines meiner Anliegen deutlich zu machen?

- Welche Geschichten kenne ich von anderen? Passt eine davon als Illustration meiner Kernaussagen?

Wie Sie Spannung in Ihre Geschichte bekommen

Geschichten lassen sich höchst komplex und kunstvoll aufbauen. Für berufliche Zwecke ist das aber nur selten nötig. Eine starke Wirkung erzielen Sie bereits, wenn Sie Ihre Story nach den folgenden einfachen Grundsätzen gestalten.

Der effektvolle Aufbau einer Geschichte
1   Starten Sie mit einer knappen, aber möglichst konkreten Beschreibung der Situation, der Figuren und des Settings. Beantworten Sie also die Fragen nach dem Was, Wann, Wer, Wie, Wo und Wie. Das schafft Orientierung für Ihre Zuhörer und hilft, dem weiteren Verlauf der Geschichte zu folgen.
2   Machen Sie klar, in welchem Konflikt bzw. vor welcher Herausforderung die Protagonisten Ihrer Geschichte stehen. Ihr Publikum sollte sich fragen: Schaffen die Akteure das?
3   Steigern Sie den Konflikt bzw. die Herausforderung. Das bringt Emotion ins Spiel und löst Spannung und Interesse aus.
4   Lösen Sie die Geschichte am Ende auf und beantworten Sie die Frage: Haben die Akteure es geschafft oder nicht? Denn darin stecken die Lehre und die Botschaft Ihrer Geschichte. Außerdem sind Ihre Zuhörer die ganze Zeit auf diese Auflösung gespannt.

Bilder und Geschichten wirkungsvoll präsentieren

- Trauen Sie sich, beim Erzählen Emotionen zu zeigen, und scheuen Sie sich auch nicht, Geschichten zu erzählen, die das Herz rühren. Erst die Emotionen machen aus Erzählungen bewegende Geschichten.

- Erzählen Sie von ganz konkreten Menschen, die ganz konkrete Dinge mit ganz konkreten Folgen tun. Am Interessantesten ist es, wenn Sie eine persönlich erlebte Geschichte erzählen.

- Passen Sie Ihre Geschichte und Ihre Sprache den Lebenswelten Ihrer Zuhörer an. Menschen öffnen sich am leichtesten, wenn sie etwas hören, was zu ihnen passt.

- Entwickeln Sie Ihre Geschichte Bild für Bild – genau wie ein Film eine Geschichte erzählt, indem er Szene an Szene reiht. Beispiel: »Großer Schlafsaal. 8.15 Uhr. Der Wecker piept. Eine Decke wird zurückgeschlagen.«

- Wechseln Sie, wenn es besonders spannend wird, möglichst in die Gegenwartsform und bauen Sie wörtliche Reden ein. Beispiel: »Es war Ostersonntag vor gut 30 Jahren. Ich wache früh auf. Steige leise die Treppe hinab. Plötzlich ein lautes `Was machst du hier?`«

- Machen Sie mit Ihrer Stimme Stimmung: Sprechen Sie je nach Inhalt mal laut, mal leise, mal schnell, mal langsam, mal hoch, mal tief und setzen Sie immer mal wieder eine spannungssteigernde Pause.

Nutzen Sie »magische« Worte

In Fantasiewelten gibt es Zauberer, die durch magische Worte wundersame Veränderungen in der Welt bewirken. Wir Menschen besitzen leider keine Zauberkräfte. In gewisser Weise können wir alle jedoch auch mit dem, was wir sagen, zaubern. Denn egal, welche Worte wir benutzen, sie bewirken immer etwas. Nicht, indem sie Kaninchen aus dem Hut springen lassen, sondern indem sie Menschen verändern. Es gibt Worte, die auf wundersame Art Gutes, und Worte, die Negatives bewirken. Im Folgenden stelle ich Ihnen die bedeutsamsten »magischen« Worte und Formulierungen vor, die ich kenne. Dabei beginne ich mit denjenigen, vor denen Sie sich hüten sollten.

Vom »Ich muss ...« zum »Ich will«

Wie oft sagen wir: »Ich muss dies tun«? Das Problematische daran: Jedes Mal, wenn wir »ich muss« sagen, befinden wir uns im Märtyrer-Modus. Wir ertragen die Welt dann nur noch, fühlen uns als Opfer. Nicht wir selbst, sondern etwas oder jemand anderes bestimmt unser Leben. Das schlägt unbewusst auf die Stimmung, raubt Kraft, Energie und Zuversicht. Dabei ist das gar nicht nötig. Denn in Wahrheit können wir tun, was wir wollen. Niemand steht mit der Pistole in der Hand neben uns, zielt auf unseren Kopf und sagt: »Du musst ...« Wenn wir trotzdem Dinge tun, die wir nicht gerne tun, haben wir das selbst entschieden. Wir haben zuvor eine Rechnung aufgestellt, die Preise für unser Handeln verglichen und uns für das entschieden, was uns am wenigsten kostet: Wir tun es freiwillig, weil uns der Preis zu hoch wäre, wenn wir es nicht täten.

Weil wir, so betrachtet, letztlich alles freiwillig tun, können wir uns auch gleich aus dem Märtyrer- bzw. Opfer-Modus verabschieden und in den Gestalter-Modus wechseln. Sehen wir uns als eigenverantwortliche Gestalter, können wir zwar auch nicht alles erreichen, aber wir können stets bewusst entscheiden, wie wir auf das reagieren, was uns das Leben an Schönem schenkt und an Belastungen zumutet. In diesem Sinne gestalten zu können, sorgt für eine starke Stimmung, setzt Energien frei und steigert unsere Fähigkeit, andere zu überzeugen, zu begeistern und zu bewegen. Der einfachste Weg, uns vom schlecht gelaunten, energielosen Opfer in einen energetischen Gestalter zu verwandeln, ist es, die Formulierung »Ich muss ...« zu vermeiden. Ersetzen Sie sie stattdessen konsequent durch positiv wirkende »magische« Formulierungen wie: »Ich will ...«, »Ich werde ...«, »Ich habe mich entschieden ...« Probieren Sie es aus! Sie werden sehen, wie schnell sich Ihr Lebensgefühl zum Positiven verändert.

Beflügeln statt schwächen

Neben dem negativen »Ich muss« gibt es noch eine ganze Reihe ähnlicher Formulierungen, die uns unsicher, ängstlich, schwach oder unbedeutend fühlen und erscheinen lassen.

Typische »Schwachmacher«
Konjunktive wie z. B. könnte, dürfte, sollte, würde, wäre, möchte, hätte
Weichspüler wie z. B. eigentlich, eventuell, vielleicht, unter Umständen, ein bisschen, ein wenig, etwas, einige
Selbstverkleinerer wie z. B. »Ich habe das zwar noch nicht ganz verstanden«, »Ich weiß zwar nicht, aber ich glaube ...«, »Richtig viel Ahnung habe ich davon nicht, aber ...«, »Leider bin ich nicht ganz optimal vorbereitet.«, »Andere stecken bestimmt tiefer im Thema ...«.

Vermeiden Sie solche Formulierungen möglichst. Sie werden sich dann automatisch stärker fühlen und auch so erscheinen.

Noch wirkungsvoller ist es, wenn Sie öfter mal starke Worte durch noch stärkere ersetzen.

Stark	Noch stärker
interessant	fesselnd
spannend	atemberaubend
sehr gut	großartig
schön	prächtig
motiviert	beflügelt

Probieren Sie aus, wie es sich anfühlt, solche starken Worte in Ihren Wortschatz aufzunehmen. Die Wahrscheinlichkeit ist groß, dass Sie dadurch beflügelter durchs Leben gehen und damit andere mit Ihrer Ausstrahlung begeistern und mitreißen.

Worte, die zu Herzen gehen

Wenn ich Ihnen empfehle, Worte, die zu Herzen gehen, zu verwenden, meine ich nicht, dass Sie Ihre Argumente künftig mit Phrasen aus deutschen Schlagertexten verknüpfen sollen. Es geht vielmehr darum, sensibel für Worte zu werden, die das Herz Ihrer jeweiligen Gesprächspartner für Ihre Sache öffnen. Denn Sie wissen: Nicht die Fakten sind es, die Menschen überzeugen, sondern die Emotionen. Welche Worte diese Emotionen bei anderen zum Klingen bringen lassen, ist von Typ zu Typ unterschiedlich. Wenn man seinem Gegenüber genau zuhört, kann man oft feststellen, dass er eine bestimmte Art Worte besonders häufig benutzt. Diese »Lieblingsworte« eines Menschen drücken besonders gut aus, was er denkt und fühlt und was ihm wichtig ist. Übernehmen Sie einfach die Worte, die Sie bei Ihrem Gesprächspartner hören.

BEISPIELE

Ihrem Gesprächspartner ist wichtig, »dass eine Sache sauber und korrekt abläuft«. Sprechen Sie sein Sicherheitsbedürfnis durch Begriffe wie »rechtssicher, nachprüfbar, dokumentiert, hinterlegt ...« an.

Wenn Ihrem Gesprächspartner gute Beziehungen und harmonische Stimmungen wichtig sind, dann betonen Sie das durch Begriffe wie »gerecht, fair, einbinden, beteiligen, zusammen, gemeinsam ...«.

Das mächtige Wenn-dann-Prinzip

Das Wenn-dann-Prinzip ist deswegen so mächtig, wenn es um das Überzeugen anderer geht, weil es eine starke innere Logik besitzt: »Wenn du das willst, dann musst du das tun!« Wenden Sie es an, sagen Sie Ihrem Gegenüber also: »Wenn du haben willst, was du dir wünschst, dann musst du diesen Weg gehen. Und zwar so und nicht anders. Basta! Fertig! Aus.« Die innere Logik führt den anderen dann fast automatisch in eine ganz bestimmte Richtung. Es ist aber nicht allein die innere Logik, die dieses Prinzip zu so einem starken Überzeugungsinstrument werden lässt. Seine machtvollste Wirkung entfaltet es erst in Kombination mit Ihrem Auftreten:

- **Wenn** Sie Ihrem Gesprächspartner wirklich interessiert und offen begegnet sind und

- **wenn** Sie durch Aufmerksamkeit und konzentriertes Fragen herausgefunden haben, was ihm wichtig ist und was er braucht, und

- **wenn** Sie dabei Souveränität und Kompetenz ausgestrahlt haben, und

- **wenn** Sie daraufhin Ihre Ideen, Vorschläge und Angebote nach dem Prinzip eingebracht haben: »Wenn Sie das möchten, Ihnen dabei das wichtig ist und jenes auf keinen Fall passieren soll, dann empfehle ich Ihnen ...«,

dann wird Ihr Gesprächspartner nahezu zwangsläufig Ja sagen. Was sollte er auch anderes tun, wenn Ihre Analyse zu seinen Bedürfnissen stimmt und Sie sich als vertrauenswürdiger und kompetenter Gesprächspartner erwiesen haben?

Auf einen Blick: Mit Worten und Argumenten mitreißen

- Menschen entscheiden mit dem Herz und begründen mit dem Verstand. Fakten alleine sind deshalb nicht überzeugend. Wirksamer ist es, Fakten mit emotionalen Bedeutungen zu verknüpfen.

- Menschen lassen sich nur dann zu etwas bewegen, wenn es ihnen nützt und mit ihren Werten vereinbar ist. Sie überzeugen deshalb andere am leichtesten, wenn Sie ihre Interessen, Werte und Motive kennen und bedienen.

- Bilder und Geschichten erzeugen Emotionen und sind deshalb viel wirkungsvoller als Zahlen, Daten und Fakten.

- Worte können auf »magische« Weise starke oder schwächende Stimmungen erzeugen.

Nachhaltig überzeugend

Eine souveräne Körpersprache, eine stimmige Sprechweise, mitreißende Worte und eine starke innere Einstellung sind wichtige Elemente, um Menschen zu begeistern. Sie alleine garantieren aber nicht, dass Sie andere nachhaltig überzeugen.

In diesem Kapitel erfahren Sie u. a.,

- wie wichtig es ist, Worten Taten folgen zu lassen,
- warum nur authentische Menschen uns auf Dauer überzeugen,
- wozu es gut ist, in Sachen Überzeugungskraft immer »dranzubleiben«.

Bleiben Sie authentisch

Wenn ich Seminarteilnehmer frage, wie sie wirken und auftreten möchten, kommt häufig als erste Antwort: authentisch. Und wenn wir darüber sprechen, wie ein Mensch sein muss, um auf sie sympathisch und glaubwürdig zu wirken, kommt dieselbe Antwort. Authentizität ist uns offenbar äußerst wichtig. Aber was ist damit gemeint? Dass ein Mensch immer sagt und zeigt, was er gerade denkt und fühlt, was ihn beschäftigt? Nein, das ist es nicht. Niemand wünscht sich einen Kollegen oder gar einen Chef, der mitten in einem Meeting von seinen Verdauungs- oder gar sexuellen Problemen erzählt, weil sie ihn gerade belasten. Uns geht es um etwas anderes.

Die Authentizität, die wir uns wünschen

Wie ich zu Beginn des Buches beschrieben habe, spüren wir alle sehr genau, wenn es einen Widerspruch gibt zwischen dem, was jemand sagt, und dem, was er mit seiner Körpersprache und seiner Sprechweise zeigt. Der Umgang mit so jemandem ist schwierig. Oft gebietet es die Höflichkeit, auf die Worte zu reagieren, obwohl wir ihnen keinen Glauben schenken. Viel einfacher ist es dagegen, wenn wir uns sicher sein können, dass der andere das sagt, was er denkt. Nur darauf bezieht sich unser Wunsch nach Authentizität. Es geht nicht um ständige Offenbarung des Seelenlebens, sondern um Echtheit im Moment der Begegnung. Nur wenn wir so auftreten und handeln, wirken wir überzeugend. Leider tritt manchmal der gegenteilige Effekt ein.

Die Professionalitätsfalle

Besonders Menschen, die sehr auf ihr Auftreten achten und schon viele Seminare und Schulungen dazu absolviert haben, geraten oft in eine fatale Falle: Sie konzentrieren sich ausschließlich auf das, was äußerlich scheinbar die beste Wirkung hat – eine aufrechte Haltung, ein dynamischer Gang und diese klugen Sätze, die man sagen soll. Dabei merken sie nicht, dass ihre aufrechte Haltung angespannt, ihr dynamischer Gang aufgesetzt, ihre muntere Sprechweise unecht und ihre tollen Sätze künstlich wirken. Mit anderen Worten: Sie haben ihre Authentizität verloren und damit auch ihre Glaubwürdigkeit und ihre Überzeugungskraft.

Ihr Authentizitäts-Check

Ob Sie authentisch geblieben sind, merken Sie daran, dass Sie sich – nach der üblichen unsicheren Anfangszeit – in Ihren (neuen) Haltungen, Bewegungen und Gesten dauerhaft wohlfühlen – also auch dann, wenn niemand in der Nähe ist und Sie keine besondere Wirkung mit Ihrem Auftreten erzielen wollen. Prüfen Sie: Bewegen Sie sich vor Publikum im Prinzip genauso wie ohne? Je geringer der Unterschied, desto authentischer wirkt Ihr Auftreten.

Sie merken es auch an der Art, wie Sie sprechen: Kommen Ihre Sätze leicht, locker und ohne Nachdenken aus Ihrem Mund, *ob-*

wohl es gerade auf Ihr Auftreten und Ihre Wirkung ankommt? Je mehr das so ist, desto authentischer wirken Sie auf andere. Ein Auftreten, das vielleicht ungeschickt ist, aber innerlich von Ehrlichkeit, Echtheit und Engagement getragen ist, wirkt stets glaubwürdiger und überzeugender als ein äußerlich zwar perfektes, aber erkennbar aufgesetztes »Lehrbuch«-Verhalten.

Tun Sie, was Sie sagen

Stellt sich unser Tun letztlich als heiße Luft heraus, wird unser Überzeugungserfolg nur von kurzer Dauer sein. Hier wirkt das gleiche Bedürfnis wie bei der Authentizität: Wir wollen im Umgang mit anderen Menschen wissen, woran wir wirklich sind. Deshalb vertrauen wir so sehr auf die tiefere Wahrheit der Körpersprache und der Sprechweise von Menschen. Sie soll mit dem harmonieren, was sie sagen. Und genauso vertrauen wir auf die tiefere Wahrheit der Taten eines Menschen: Passen sie zu dem, was er sagt? Tut er selbst, was er von anderen verlangt? Wenn die Antworten auf diese Fragen »Nein« lauten, wird derjenige ziemlich bald jegliche Glaubwürdigkeit und Überzeugungskraft verlieren – und zwar umso mehr, je offensichtlicher Worte und Taten miteinander im Widerspruch stehen.

> Tun Sie möglichst immer das, was Sie angekündigt haben. Geben Sie das, was Sie von anderen verlangen, und gehen Sie dorthin, wohin Sie weisen.

Zeitmangel, Stress, Arbeitsdruck, dringende Aufgaben, verführerische Ablenkungen – all diese Faktoren und noch viele mehr machen es uns schwer, stets integer und verlässlich zu sein. Aber es lohnt sich, täglich dafür zu kämpfen: Wenn es Ihnen gelingt, werden Sie überzeugender sein als andere und gleichzeitig so viel Vertrauen in sich selbst entwickeln, das andere das spüren und Ihnen deshalb umso lieber folgen.

Genießen Sie Ihre Erfolge

Die eigene Überzeugungskraft zu entwickeln, ist eine äußerst dankbare und befriedigende Tätigkeit. Dies allein schon deshalb, weil Sie nicht erst monatelang üben und trainieren müssen, bevor Sie erste Erfolge erzielen. Menschen, die in meinen Trainings und Coachings waren und ihre Lernerfahrungen umgesetzt haben, berichten hinterher immer wieder: »Ich habe nur eine Kleinigkeit verändert und hätte nicht gedacht, das ich damit sofort eine solche Wirkung erziele.«

BEISPIELE

Eine Teammitarbeiterin spricht etwas beherzter als sonst und plötzlich strahlt sie auch körperlich mehr Sicherheit aus und gewinnt spürbar an Standing.

Eine Ladeninhaberin hört auf, ihre Produkte anzupreisen, stattdessen hört sie ihren Kunden aufmerksam zu, stellt vermehrt Fragen – und hat abends plötzlich mehr Geld in der Kasse.

Freuen Sie sich darauf, selbst auch solche Erfolge zu erleben. Damit Sie diese dauerhaft genießen, habe ich noch zwei spezielle Tipps für Sie.

Erfolgstipp Nr. 1: Üben, üben, üben

Überzeugungskraft wird, wie jede andere Kraft auch, ähnlich einem Muskel durch konstante Übung und Training entwickelt. Wenn Sie also die Möglichkeit haben zu präsentieren, einen Vortrag zu halten oder Ihre Position in Diskussionen zu vertreten, dann tun Sie das. Sie werden sich mit jedem Mal sicherer fühlen. Gleichzeitig haben Sie dabei die Möglichkeit, immer weiter an sich zu arbeiten und das, was noch nicht rund ist, nach und nach rund zu machen.

Erfolgstipp Nr. 2: Vergessen Sie Misserfolge

Erfolge und Ergebnisse heißen wahrscheinlich so, weil sie auf etwas folgen oder sich aus etwas ergeben. Wenn es Ihnen gelungen ist, Menschen zu begeistern und zu bewegen, dann ist das die Folge Ihres gesamten Auftretens. Und wenn es Ihnen mal missglückt ist, dann nicht, weil Sie ein völlig unfähiger Mensch sind, den niemand leiden kann, sondern weil es sich schlicht aus dem ergeben hat, was Sie getan haben. Das Schöne daran ist: Alles, was man getan hat, kann man beim nächsten Mal anders tun. Und schon wird aus dem frustrierenden »Misserfolg« ein hilfreiches und vielleicht sogar anspornendes (Zwischen-)Ergebnis. In Ergebnissen zu denken, Erfolg zu genießen und aus allem zu lernen, hilft ungemein, an einer Sache dranzubleiben – auch an Ihrem Projekt Überzeugungskraft.

Überzeugungskraft hilft, erfüllter zu leben

Überzeugungskraft ist nicht alles und schon gar kein Selbstzweck. Wir setzen sie tagtäglich ein, um unser Leben ein kleines oder großes Stück besser zu leben, unsere Wünsche zu befriedigen, unsere Interessen zu wahren und unsere Ziele zu erreichen. Wenn alles gut läuft, helfen wir dabei auch anderen, dasselbe zu tun. Auf unserem Weg strengen wir uns an, stolpern manchmal, stehen wieder auf und kommen immer ein Stück weiter. Es ist wie eine große Abenteuerreise zu einem ersehnten Ziel: Wir wissen nicht genau, was kommt, sehen aber zu, dass wir gut vorbereitet sind. Mit Ihrem Wissen um die »Geheimnisse« der Überzeugungskraft sind Sie dafür hervorragend gerüstet. Machen Sie einfach ganz entspannt das Beste daraus. Die Welt hat Sie und Ihre Ideen verdient!

Auf einen Blick: Nachhaltig überzeugend

- Glaubwürdigkeit ist nur durch Authentizität zu erlangen. Authentisch sein heißt, stets das zu meinen und zu fühlen, was man gerade sagt. Im Zweifel ist es überzeugender, unsicher, aber authentisch statt sicher, aber künstlich aufzutreten.

- Ein stimmiges Zusammenspiel von innerer Einstellung, Körpersprache, Sprechweise und Worten wirkt immer nur für den Moment überzeugend. Um nachhaltig zu überzeugen, müssen auch die Taten dazu passen.

- Die Prinzipien der Überzeugungskraft wirken sehr schnell. Sie zu üben, wo es sich nur anbietet, Erfolge zu genießen und aus Erfahrungen zu lernen, macht die eigene Überzeugungsfähigkeit stetig größer und führt mittelfristig zu einem erfüllteren Leben.

Stichwortverzeichnis

Impressum

Bibliografische Information der Deutschen Nationalbibliothek
Die Deutsche Nationalbibliothek verzeichnet diese Publikation in der Deutschen
Nationalbibliografie; detaillierte bibliografische Daten sind im Internet über
http://dnb.dnb.de abrufbar.

Print: ISBN: 978-3-648-09409-9   Bestell-Nr.: 10729-0001
ePub: ISBN: 978-3-648-09410-5   Bestell-Nr.: 10729-0100
ePDF: ISBN: 978-3-648-09411-2   Bestell-Nr.: 10729-0150

Peter Gerst
Überzeugungskraft – Wie Sie Menschen begeistern und bewegen
1. Auflage 2017, Freiburg

© 2017, Haufe-Lexware GmbH & Co. KG, Munzinger Straße 9, 79111 Freiburg
Redaktionsanschrift: Fraunhoferstraße 5, 82152 Planegg/München
Telefon: (089) 895 17-0
Telefax: (089) 895 17-290
Internet: www.haufe.de
E-Mail: online@haufe.de

Redaktion: Jürgen Fischer
Redaktionsassistenz: Christine Rüber

Konzeption, Realisation und Lektorat: Nicole Jähnichen, www.textundwerk.de

Satz und Druck: Beltz Bad Langensalza GmbH, 99947 Bad Langensalza
Umschlag: Kienle gestaltet, Stuttgart

Der Autor

Peter Gerst

ist Keynote Speaker, Trainer und DIN-zertifizierter Business Coach. Sein Thema ist »Menschen bewegen«, sie authentisch und mit starkem Willen nachhaltig überzeugen und motivieren. Führungskräfte, Verkäufer und viele andere Menschen, bei denen es auf einen wirkungsvollen Auftritt ankommt, profitieren von seiner »360°«-Berufserfahrung als PR- und Marketingberater, Creative Director, Journalist beim Hessischen Rundfunk, Schauspieler und Theaterregisseur sowie als langjähriger Vertriebs- und Personalleiter. Mehr über ihn und sein Thema erfahren Sie auf der Website www.peter-gerst.de sowie im Podcast www.abenteuer-menschen-bewegen.de.

Weitere Literatur

»Argumentieren«, von Andreas Edmüller und Thomas Wilhelm, 255 Seiten, EUR 8,95, ISBN 978-3-648-01902-3, Bestell-Nr.: 00373

»Lampenfieber und Prüfungsangst besiegen«, von Jörg Abromeit, 128 Seiten, EUR 9,95, ISBN 978-3-648-05656-1, Bestell-Nr.: 10700

Wissen to go!

TaschenGuides.
Schneller schlauer.

Kompetent, praktisch und unschlagbar günstig.
Mit den TaschenGuides erhalten Sie
kompaktes Wissen, das Sie überall begleitet –
im Beruf und im Alltag.

Mehr Informationen zu den TaschenGuides
finden Sie auf www.taschenguide.de
und auf www.facebook.com/Erfolgreich

Jetzt bestellen!

www.haufe.de/shop (Bestellung versandkostenfrei)
oder in Ihrer Buchhandlung